商务智能理论诠释及应用创新研究

陈贤平 著

吉林人民出版社

图书在版编目（CIP）数据

商务智能理论诠释及应用创新研究 / 陈贤平著. -- 长春：吉林人民出版社，2022.8
ISBN 978-7-206-19443-6

Ⅰ.①商… Ⅱ.①陈… Ⅲ.①电子商务—研究 Ⅳ.①F713.36

中国国家版本馆CIP数据核字(2023)第015215号

责任编辑：王　静
装帧设计：徐琳琳

商务智能理论诠释及应用创新研究
SHANGWU ZHINENG LILUN QUANSHI JI YINGYONG CHUANGXIN YANJIU

著　　者：陈贤平
出版发行：吉林人民出版社（长春市人民大街7548号　邮政编码：130022）
咨询电话：0431-85378007
印　　刷：长春市昌信电脑图文制作有限公司
开　　本：710mm×1000mm　　1/16
印　　张：12.75　　　　　字　数：210千字
标准书号：ISBN 978-7-206-19443-6
版　　次：2022年8月第1版　　印　次：2023年1月第1次印刷
定　　价：58.00元

如发现印装质量问题，影响阅读，请与出版社联系调换。

前言
PREFACE

商务智能是一个新兴的领域，近年来引起了学术界和产业界的广泛关注。商务智能是企业利用现代信息技术收集、管理和分析商务数据与信息，累积商务知识和见解，改善商务决策水平，采取有效的商务行动，完善各种商务流程，提升各方面商务绩效，从而增强综合竞争力的过程。

商务智能技术为企业提供迅速分析数据的技术和方法，包括收集、管理和分析数据，将这些数据转化为有用的信息，然后分发到企业各处。20世纪90年代后期，商务智能出现了突飞猛进的发展，越来越多的企业提出了对商务智能的需求，即把商务智能作为帮助企业达到经营目标的一种手段。许多著名的计算机公司认识到商务智能的巨大发展潜力，纷纷加入商务智能研究和软件开发的行列。商务智能技术从决策支持系统开始，经历了数据仓库、联机分析、数据挖掘的发展历程，进入可视化信息技术阶段。从目前我国的市场来看，商务智能已经度过了一个从知到行、从概念到实践的阶段。目前的金融业、电信业、零售业、服务业都在广泛地应用各种类型的商务智能工具，在经营分析、客户选择、绩效管理、运行预警等方面取得了很大的成效。

鉴于此，笔者撰写了《商务智能理论诠释及应用创新研究》一书，本书以商务智能的产生背景、商务智能的概念界定、商务智能的价值与功能、商务智能的发展探微为切入点，重点论述商务智能的技术支撑、商务智能的实施流程及规则、商务智能与管理创新、商务智能的应用领域研究、大数据背景下商务智能的应用创新。

　　本书结构严谨、内容翔实、通俗易懂,既有商务智能的基础知识,又有商务智能的应用创新。全书从人才管理、项目管理、价值管理和企业管理创新四个方面介绍了商务智能中的管理问题,较为详细地分析了目前商务智能在各个领域的应用,内容丰富且全面,具有很好的实践价值。

　　笔者在撰写本书的过程中,得到浙江育英职业技术学院领导和同行专家的指导和帮助,在此表示诚挚的谢意。由于笔者水平有限,加之时间仓促,书中所涉及的内容难免有疏漏之处,希望各位读者多提宝贵意见,以便笔者进一步修改,使之更加完善。

目录
CONTENTS

第一章 商务智能的初步认识

第一节 商务智能的产生背景 1

第二节 商务智能的概念界定 4

第三节 商务智能的价值与功能 6

第四节 商务智能的发展探微 9

第二章 商务智能的技术支撑

第一节 商务智能的系统架构 16

第二节 数据仓库技术 19

第三节 在线分析处理技术 26

第四节 数据挖掘技术 31

第三章 商务智能的实施流程及规则

第一节 商务智能实施的要素分析 65

第二节 商务智能实施的一般过程 69

第三节 商务智能需求分析和方案设计 73

第四节 商务智能产品的选择分析 76

第五节 商务智能成功实施的规则 77

第六节 商务智能模式的发展路径 79

第四章　商务智能与管理创新

第一节　商务智能中的知识管理 109

第二节　商务智能中的人才管理 122

第三节　商务智能中的项目管理 126

第四节　商务智能中的价值管理 132

第五节　商务智能的管理与运行 135

第六节　商务智能与企业管理创新 145

第五章　商务智能的应用领域研究

第一节　商务智能应用于零售业 154

第二节　商务智能应用于客户管理 157

第三节　商务智能应用于电子商务领域 182

第四节　商务智能应用于企业绩效管理 189

第六章　大数据背景下商务智能的应用创新

第一节　大数据对商务智能应用的价值 192

第二节　大数据背景下商务智能应用的策略 193

第三节　大数据背景下个性化商务智能的打造 195

参考文献 197

第一章　商务智能的初步认识

第一节　商务智能的产生背景

随着信息时代的发展，尤其是大数据时代的到来，企业的数据总量正在以惊人的速度增长。数据是企业最重要的资源。正确、有效地利用企业信息化资产，将数据转化为对企业有利的信息和知识，使商务智能（Business Intelligence，BI）有效地应用到企业的决策中，提高企业管理水平，已经成为智能企业与传统企业的主要区别。商务智能的兴起并非偶然，它将会为企业带来新的生命力。

一、商务智能的产生原因

随着信息时代的发展，特别是大数据时代的到来，企业面临前所未有的机遇和挑战。如何正确、及时地响应市场需求，快速占领市场，是每个企业都亟待解决的问题。将企业收集的海量数据正确、及时、有效地转化为信息，再转化为知识，最终支持企业决策，这是商务智能发展的驱动力。商务智能产生的原因可概括为如下几点：

（一）急切的分析型需求

自20世纪90年代以来，我国经济快速发展，涌现出了一大批有财力、有活力的公司，特别是改制后的大型国有企业、知名民营企业等，其整体建设都逐步向国际领先企业靠拢，陆续建设了核心业务系统。例如，电信行业的计费系统、生产制造行业的制造企业生产执行系统（Manufacturing Execution System，MES）、零售分销行业的ERP系统等，基本都在这一时期建成，这些系统提高了操作人员的工作流程规范化水平，资金流也得到了严格控制和监管。

（二）知识产品化

在电子商务行业，不论是企业与企业间（Business to Business，B2B），还是企业与消费者间（Business to Customer，B2C），商务智能产生的知识都可以协助电子商务网站的设计者提升网站的友好性，让网站设计者了解用户的习惯和行为，设计出符合用户操作的流程和功能；能根据买家的行为提供个性化的商品推荐，帮助用户提升工作效率和采购效果，提升他们对网站的认可度。另外，企业将产品放在电子商务网站进行推广之后，也迫切希望知道推广有没有效果，以及可对哪些方面进行改进，这也正是商务智能可以提供给企业的。企业为了更迅速、更准确地把握自身的问题和市场的状况，都需要将数据转换为知识，合理地运用知识来获得利润，帮助企业快速崛起，这就是商务智能产生的原因。

（三）企业精细化管理需要商务智能的支撑

企业精细化管理的核心思想是"快、精、准"，这些都需要商务智能的强力支撑。

（1）快：要求自上而下地实时把控，第一时间发现问题需要商务智能支持，特别是高层领导对全公司的问题都能及时发现，需要迅速调出各种流程控制系统的数据进行分析，发现异常。

（2）精：能对问题追根溯源，需要商务智能的向下钻取、向上钻取、交叉分析、关联分析等基本技术支撑，否则看到问题也不知道原因在哪里。

（3）准：就是要求将问题落实到人。例如，问题出在谁身上，谁该受到惩罚，谁该进行工作改进等。

（四）数据中蕴含的知识可以帮助企业进行优化升级

数据—知识—操作—数据这样一个信息闭环其实就是实践—总结—再实践的一个螺旋式上升过程，如果这个过程中缺少数据到知识的一步，那就是简单重复的操作；而加入知识总结这样一个分析过程之后的实践，则是有提升的实践，其结果能促使员工的工作不断得到修正和优化，企业管理不断升级。因此，商务智能系统对数据进行知识化是企业优化升级的必然需求。

二、商业决策需要商务智能技术的指导

在信息时代，智能化已经成为企业生存之本，企业资源计划（ERP）、客户关系管理（Customer Relationship Management，CRM）和供应链管理（Supply Chain Management，SCM）等提高企业管理效率的平台积累了大量的业务数据，但到目前为止，很多企业的这些数据还没有被有效地利用起来。如何将企业的信息化资产转变为企业需要的信息和知识，为管理者的决策提供有效的数据支持，是商务智能首要关心的问题。

商务智能的技术基础是数据仓库、联机分析处理、数据挖掘等。其中，数据仓库用来存储和管理数据，其数据从运营层获取；联机分析处理把这些数据转化成信息，支持各级决策人员进行复杂查询和联机分析处理，并用直观易懂的图表把结果展现出来；数据挖掘（Data Mining）是指从海量的数据中提取出隐含在数据中的有用知识，以便各级决策人员做出更有效的决策，从而提高企业决策能力。

一个好的商务智能解决方案，可以帮助企业从大量的数据中获取有价值的信息和知识，并提供分析和统计预测的工具。例如，民生银行采用商务智能后，使用Hyperion Intelligence（Oracle公司的产品）帮助民生银行的各级人员实现数据查询、报表展示和决策分析等；业务人员可在基于Web的客户端进行数据查询、分析，直接生成灵活多样的图表报告；管理人员可通过使用Hyperion Intelligence对业务现状和发展趋势进行交互式分析，跟踪业务发展动态，及时解决经营过程中出现的问题。

三、企业智能化管理需要商务智能技术的引导

企业智能化是指企业如果想在瞬息万变的市场中生存，必须根据企业内部数据和相关市场数据，快速有效地处理企业内部问题、调整企业发展方向，以使适应客户需求的变化，采取正确的客户解决方案。领导者制定的决策决定企业的发展方向。因此，如何使企业管理策略得到科学的数据评价分析是企业决策者最关心的问题。一个企业是否具有有效利用在各种业务系统、数据集或数据仓库中的信息的能力决定了企业的发展。企业可以通过一个联系信息生产者和信息使用者的完整的信息供应链，实现企业商务智能化所带来的价值。要实现企业智能化管理必须借助商务智能技术。

第二节　商务智能的概念界定

"商务智能（Business Intelligence，BI）的概念最早由Gartner Group于1996年提出，并将其定义为一类由数据仓库、报表查询、在线分析和数据挖掘等组成的，辅助管理决策的技术及其应用，目前已经在金融、电信、保险等传统数据密集型行业和大型生产制造行业等得到了实践应用。"[1]

商务智能可以从大数据中提炼信息，推动知识的创造与共享，促进信息转变为知识，并为商家获取更多的利润服务。利用技术简化收集与分析信息的流程，在了解顾客与市场的基础上，帮助企业更加有效地参与竞争过程，是商务智能的重要任务。

商务智能汇集了多种软件工具和信息产品。无论是数据挖掘，还是数据的在线分析与处理，利用独特的战略优势，商务智能可以帮助终端用户查询数据仓库产品和信息系统报告。商务智能是促进企业重组业务流程、创新经营理念、调整部门架构的重要手段。企业实现以顾客为中心的自动化管理，离不开商务智能为企业做出科学决策提供的数据访问、收集、分析与存储等技术支持。商务智能促进了以数据为基础的知识转换和知识应用进程。企业利用现代化的信息技术，收集、整理并分析各种商务数据，并借助这些结构化、非结构化的数据，形成对商业运营的独到见解，从而提高企业的商务决策水平、商务绩效与商务行动的有效性，完善商务流程，增强综合竞争力，上述智慧与能力正是商务智能的概念核心。

目前，商务智能在商业领域、政务领域和教育领域被广泛应用。为了深入理解商务智能的内涵，必须清楚掌握商务智能所具有的如下特点：

第一，商务智能服务企业战略。商务智能通过分析企业的内部数据与外部数

---

[1] 夏明慧、张莉莉. 企业商务智能应用的问题与对策分析 [J]. 中国商论，2020（5）：31.

据，支持企业的定位策略、取舍策略和运营活动关联策略。

第二，商务智能提升企业绩效。商务智能利用企业的运营数据，可以从中提取有效的模式，辅助企业的管理决策，从而帮助企业妥善解决相应的管理问题。商务智能在业务领域的应用与发展，有助于提高企业的绩效管理水平。融合企业管理理念的商务智能产品，在创新管理角色、管理方法、管理过程、管理智能的同时，能够明显促进企业绩效的提升。

第三，商务智能优化企业数据。商务智能需要根据企业的业务需要，收集并整合企业业务系统中的数据，并提炼与加工这些数据，从而生成有价值的知识，帮助企业提高绩效。此外，商务智能通过分析企业业务系统中生成的运营数据，并形成综合性数据报告，可以帮助企业的管理者认清市场现状，预测发展趋势并作出正确决策。

第四，商务智能应用多元技术。在信息化高速发展的现实背景下，企业需要借助商务智能充分利用不同渠道累积形成的数据资产。商务智能可以从不同的数据源中提取出有价值的数据，并借助数据的在线分析与处理技术，为企业提供考核管理与决策支持服务。除了数据挖掘与数据仓库等传统的技术手段以外，商务智能还应用内存数据的分析与处理技术、文本挖掘与元数据存储技术以及面向服务的软件架构技术（Service-Oriented Architecture，SOA）等。商务智能利用这些技术能够发现数据背后潜藏的商机与隐藏的威胁，帮助企业的管理者掌握市场现状、洞察发展机会、把握未来趋势、识别异常情况，并找准推动企业发展的力量，辨识影响企业业务的行为以及该行为对企业业务的影响程度。

第五，商务智能服务各类用户。为企业的中层管理人员和高层管理人员提供决策指导，是在传统领域应用商务智能的主要特点。随着企业业务经营与决策范围的扩展，企业内部的业务操作人员、各级管理者、高层决策者，以及企业的外部顾客和商业伙伴，都属于商务智能平台目前服务的用户群体。

第三节 商务智能的价值与功能

一、商务智能的重要价值

伴随着信息化技术的广泛应用,企业开始重视信息技术投资的战略价值与利润回报。在信息化浪潮中进取求变的企业,主张充分利用数据资产,挖掘商务智能的重要价值,并关注企业经营的实际效果,借助实践逐步从感性走向理智。

商务智能与其他管理性质的应用软件相比,具有支持企业管理决策、挖掘数据潜在价值的独特优势。由于企业决策者使用的传统信息搜寻手段效果有限,面对海量信息的无限增长,以及数据应用与业务流程严重脱节的现实困境,企业高层被迫花费大量的宝贵时间,用来摆脱信息孤岛的困扰,这无疑造成了企业高层精力的浪费。商务智能可以帮助企业高层节约收集与处理信息的时间,当企业高层的精力不再被海量数据占用时,企业高层制定的决策将更趋近于合理、科学。总体来说,商务智能的重要价值主要体现在以下几个方面:

第一,制定精准市场营销策略。利用商务智能技术构建商业模型,可以帮助企业确定合适的营销策略。全球知名的美国零售公司西尔斯(Sears)在20世纪90年代曾经面临破产倒闭的危险,所幸该公司的企业高层及时引进商务智能系统,将业务系统的数据整合到数据仓库后,利用数据挖掘技术分析家庭内部不同成员的消费习惯,并借助精准营销与广告促销,在激烈的竞争中击败对手获得成功,成为美国零售业的"百年老字号"企业。应用商务智能获得成功在餐饮界也有具体实例。比如,美国快餐界的"霸主"麦当劳,凭借美味的汉堡与优质的服务迅速风靡全球。然而,随着顾客群体的扩大,麦当劳的决策者在制定经营策略时遇到了难以克服的困难。在关键时刻,麦当劳的公司高层决定引进商务智能系统,分析麦当劳顾客选择的规律性和差异性。利用商务智能系统分析顾客的点餐习惯,收集并分析不同顾客的消费数据,可以发现绝大多数顾客都有购买汉堡配可乐、购买薯条配鸡翅的倾向。以商务智能技术分析得出的顾客消费习惯为决策参考，麦当劳推出了特价优惠组合套餐，既节省了运营成本，又成功吸引了顾客的注意力，在餐饮市场取得了辉煌的胜利。除此之外，电信企业利用商务智能分析用户的订购行为，制定相应的促销套餐策略，可以有效评估企业市场营销的成本与收益。

第二，优化顾客关系管理效果。顾客关系管理（Customer Relationship Management，CRM）是企业电子化工作中的重要环节。顾客智能作为顾客关系管理应用商务智能的代表性成果，从本质上反映了企业以顾客为中心，应用数据在线分析与处理技术，挖掘顾客资料与交易记录中隐藏的信息，围绕不同类型的顾客，制定差异化服务策略的过程。以电信企业为例，公司高层利用顾客智能分析网络性能、顾客投诉、未接通呼叫、顾客流失、顾客管理、顾客分类、欠费、欺诈与信用度评估等，不仅可以维系顾客的忠诚度、提高顾客的满意度，还能实现顾客价值的最大化。

第三，分析企业投入产出情况。企业应用商务智能系统管理绩效，可以在短时间内核算各种业务活动的成本，深入分析成本与收益之间的偏差并做到及时改进，在完成收益报表的过程中，帮助企业降低成本、提高收益。

第四，提高企业风险管理能力。商务智能系统在保险、电信与银行等领域的应用，可以帮助企业及时识别潜在的风险以及明确表现出欺诈行为的用户的具体特征。比如，银行利用商务智能系统中的数据挖掘技术，重点分析用户的信用信息，可以避免将贷款发放给不具备按时还贷能力的用户，通过有效的预警机制，帮助银行减少损失。电信企业应用商务智能系统跟踪并监控重点业务与重大事件的最新动态，能够及时发现导致公司业务收入下降的原因，从而做到及时止损，避免相关业务给公司造成更大的损失。

第五，改善高层业务洞察水平。企业的管理者应用商务智能系统收集数据、获取信息，可以节约时间、节省精力，提高科学决策的效率，为决策者及时获取有用的信息提供帮助。公司高管借助商务智能系统中的仪表盘监控关键绩效指标（Key Performance Indicator，KPI），可以掌握公司业务的具体执行情况并及时调整策略。以电信企业为例，公司高层利用商务智能业务分析支撑系统（Business Analysis Support System，BASS）整合数据，可以借助数据分析企业的竞争对手、投资收益、新业务推广的可行性，以及企业的关键业绩指标等。

第六，增强企业评估市场能力。利用商务智能系统预测市场的变化，在精简流程的同时，确定企业需要改进的环节，能够为企业适应变化的外部环境提供有效的帮助。例如，世界著名咨询公司埃森哲（Accenture）通过调查绩效水平明显较高的企业发现，这些企业所取得的成功与投资构建功能强大的商务智能系统密不可分。企业利用商务智能系统不仅可以提高市场响应能力，还可以制定具有战略眼光的重要决策，从而推动企业的长远发展。

二、商务智能的主要功能

"商务智能是指由数据仓库、查询报表、数据分析、数据挖掘、数据备份和恢复等部分组成的、帮助企业提高运营性能而采取的一系列方法、技术和软件，是重要的决策辅助系统，具有十分强大的功能。"[①]商务智能系统作为一种辅助决策的工具，为决策者提供信息、知识支持，辅助决策者改善决策水平。商务智能系统的主要功能如下：

第一，数据集成。数据是决策分析的前提与基础。但是，在很多情况下，决策所需的数据经常零散地分布在不同的业务系统中，为了作出正确的经营决策，收集、整合零散的数据显得极为必要。因此，应用商务智能系统从多个异构数据源中提取源数据，将数据变换、整合、集成以后送到数据仓库，对企业分析数据、利用数据辅助决策具有十分重要的现实意义。

第二，信息呈现。为了方便用户及时了解企业的经营现状与市场行情，借助报表的形式呈现收集到的数据，是商务智能的重要功能。比如，企业的报表分析人员根据系统从不同数据源处收集到的各种数据，利用在线分析处理（Online Analytical Processing，OLAP）工具多维度观察数据，可以高效、便捷地设计出能够直观呈现信息的水晶报表（Crystal Reports）。

第三，运营分析。运营分析包括针对企业不同业务的指标分析，针对部门营业额和销售量的业绩分析，以及针对企业资金使用情况的财务分析。运营分析可以帮助企业降低经营成本与运营风险。

---

① 刘星. 商务智能基于大数据的有效决策[J]. 中国商论，2019（3）：39.

第四，战略支持。根据公司不同战略业务单元（Strategic Business Unit，SBU）的经营业绩和发展定位，选择合理的投资组合战略，可以帮助企业制定个性化的竞争战略，并为企业作出合理的战略决策提供支持。

第四节 商务智能的发展探微

一、商务智能的应用趋势

（一）商务智能的技术支持

数据库技术、统计分析、模式识别和机器学习等技术的发展为商务智能提供了手段。随着竞争的加剧，企业对数据资产分析的需求反过来也不断对这些技术提出了新的要求。新兴技术，如企业搜索、社会性软件、交互式可视化技术和内存内分析技术等先后被纳入商务智能当中。商务智能的用户群将扩展到一线员工、顾客和合作伙伴等。

一直以来，商务智能主要关注结构化和有序的数据。而决策者需要的数据不仅存储在业务数据库中，也来自顾客投诉的E-mail、顾客的语音评论等非结构化数据源。领先企业会较多地把非结构化数据整合到决策中去。最近Business Objects（SAP）、IBM等公司通过收购一些搜索厂商，把非结构化的数据导入数据仓库中，并为商务智能提升文本分析能力，提供数据分析的统一视图，使系统更简洁和易于使用。

大部分企业数据是非结构化的，这些非结构化的数据和结构化的数据很难集成，导致非结构化数据的价值受到限制。目前一些商务智能产品能够有效处理非结构化的数据。IBM通过几年的时间收购了一系列商务智能公司的产品，如分析软件Alphablox、数据转换和整合软件Ascential Software和制造分析软件SRD等，逐步完善了IBM的商务智能中间件产品线。IBM发布了以Dynamic为核心的下一代商务智能战略，提供了超越传统商务智能和数据仓库的交付能力。商务智能的未来将包含非结构化的信息、实时的数据分析以及语义搜索功能。IBM公司强调对非结构数据的处理，包括内容管理软件中的文本、语音和图像等，推出了支持纯XML的混合型数据库DB29，帮助用户管理异构数据，实现即时商业决策。

在数据挖掘技术不断演进的同时，搜索技术的迅速崛起为商务智能带来了革命性的变化。搜索技术有望为企业用户提供一条快速、简单的信息访问通道，使用户在访问数据时，无须了解数据分布在什么地方，也不需要知道如何收集、过滤数据，只要学会使用企业搜索引擎即可。这种数据获取方式实现了结构化数据与非结构化数据的统一搜索，如用户在访问库存数据时，可以获得物品照片、库存地图等非结构化信息。商务智能与搜索技术相融合，可以整合结构化数据与非结构化数据，使得数据更易于访问，但两大技术的无缝集成还存在许多困难，需要解决实施成本、技术标准化和权限控制等问题。

将企业资源规划（ERP）、客户关系管理（CRM）和供应链管理系统（SCM）等企业管理软件与社交媒体结合起来，可以为企业的业务分析增加各种非结构化的数据源，从而可以综合分析经营数据、外部竞争数据、社会媒体数据以及其他企业与客户交互的数据（如客户访问网站的数据等），从而更全面地把握业务情况和客户需求。例如，通过分析网站上的评价获取消费者对商品的评价和满意度，企业也能够给消费者提供更好的服务。

目前，SAP、IBM等公司都推出了具有文本分析功能的商务智能产品。例如，IBM SPSS Text Analytics for Surveys能够使用文本分析技术获取用户的偏好和情感，从而可以掌握客户的需求，更好地为客户推荐商品。CRM系统与Facebook、Twitter等社会媒体平台结合起来，对公司全面了解客户的需求也有所帮助。

（二）商务智能与业务的结合

商务智能与业务的结合越来越深入。商务智能项目由技术部门牵头，对业务需求把握不准确，技术与业务的脱离是商务智能项目失败的主要原因之一。有些企业把商务智能看作一套技术，构建的系统越来越复杂，却满足不了用户的需求。商务智能的投资不确定问题并非技术本身，而是技术与业务的脱节。对IT人员而言，商务智能意味着报表制作、查询工具、在线分析处理工具以及数据挖掘等。而对最终用户而言，却意味着决策支持。

商务智能逐渐转向业务驱动，业务人员开始主导商业策略和业务规则设计。企业对商务智能的应用开始反思，认识到以业务为导向的商务智能的作用，商务智能已嵌入ERP、CRM和SCM等应用系统，为用户提供分析支持。目前领先的商务智能厂商基于ERP、CRM和SCM等软件拓展商务智能市场，向顾客提供整合的解决方案。商务智能的发展在关注业务方面主要体现在加强对业务系统的智能分析，如顾客智能、供应链智能和财务智能等，企业管理软件正从商务智能扩展至管理智能。

1.供应链管理智能

商务智能从流程分析、决策支持、绩效管理以及关系管理等方面改善了供应链管理：改善了供应链数据的可见度，使供应链中的库存水平降低；改善了供应链关系，加强了与供应链伙伴的合作，提高了供应链的竞争力。供应链智能包括采购分析、补货分析、供应商信用分析、库存分析、生产成本分析、应付与应收款分析以及总账分析等供应链各个环节的运营情况的分析。

（1）商务智能能够贯穿供应链的始终，对供应链管理的各个流程进行分析，以优化供应链、提高供应链管理效率。根据供应链运营参考模型（Supply Chain Operations Reference model，SCOR模型），供应链管理可以分为计划、供应商选择、制造、配送和退货等流程。商务智能通过分析供应链周期、供应链成本等关键因素，选择合适的供应商，管理生产成本并改善资源与设备利用，优化产品库存管理，实施有效退货管理等影响整个供应链绩效的因素，提高供应链的效率，改善资源的优化配置，降低供应链运营成本，提高顾客满意度。

（2）决策支持。商务智能通过对供应链管理系统的运营数据进行分析，探究采购、销售过程中出现的问题；帮助企业制订采购计划以及对采购物料的价格趋势进行分析，确定合理的采购提前期，辅助采购主管决策，找到节约资金的方法；掌握库存情况，降低库存。也可以把握顾客的消费习惯和消费特征，预测市场动向，协同供应链上游合适的供应商实时满足顾客的需求。

（3）绩效衡量。商务智能工具以可视化的绩效衡量手段和实时分析的方法，全面、准确地反映了整个供应链的运营状况与绩效水平。与以往仅仅反映单个企业的运营绩效不同，供应链绩效衡量把供应链绩效指标分为内部和外部两个方面：内部是指单个企业的生产计划、产品成本与质量、顾客服务质量以及库存水平等，外部则是针对供应链合作伙伴的绩效。

（4）关系管理。供应链关系管理既可以发现顾客需求，又可以加强与供应链伙伴之间的合作，保持整个供应链的优势。企业使用商务智能工具对销售终端的数据进行多维分析或者数据挖掘，把此信息反馈到供应链上游共享，指导产品开发和改进，并从中发现顾客需求，为顾客定制个性化的服务，提高顾客的忠诚度。

2.顾客智能

面对激烈的市场竞争，企业开始建立以顾客为中心的经营理念。谁是企业潜在的顾客？何时获取顾客？企业有价值的顾客特征是什么？如何增加顾客的价值？如何预测顾客的流失？如何赢回顾客等问题已成为顾客关系管理（CRM）的关键所在。数据挖掘可贯穿于顾客生命周期的各个阶段，在不同的阶段可建立不同的数据挖掘模型。首先是企业开展有针对性的市场营销活动，对潜在的用户群施加一定的影响。在市场调查方面，可以从消费者调研数据中抽取有价值的信息，获取市场的洞察力。其中总会有部分用户响应，成为企业的新顾客，开始购买企业的产品或服务。为了提升顾客的价值，企业需要有针对性地开展满意度调查、交叉销售、提升销售和刺激消费。一段时间以后，由于竞争者和替代品的威胁，部分顾客会逐渐流失。企业需要了解顾客保有期的生存分析和盈利性分析，对顾客的流失进行预测（哪些顾客可能流失？何时流失？为什么流失？流失的影响怎样？）。此外，针对顾客流失，企业可能还需要采用赢回策略来挽回。数据挖掘能帮助企业改善这些商业活动。

SPSS（IBM）公司针对通信行业的顾客管理，在顾客维度可提供顾客市场细分、顾客价值提升、营销活动响应、顾客关怀、顾客交际圈、顾客信用分析、顾客流失预警、顾客策反和顾客满意度等专题分析。在产品维度可提供新业务营销、套餐设计优化、顾客套餐匹配和5G业务发展等专题分析。而在渠道维度可提供新增市场占有率、顾客渠道偏好、业务测量和收入预测等专题分析。

顾客的需求存在于与顾客交往的记录中，如交易记录、点击流和E-mail反馈等，即顾客数据库。通过对与顾客相关的数据进行分析可以360度理解顾客及其行为，缩短企业与顾客之间的距离，改善企业的营销、销售和服务水平，提升顾客满意度。顾客智能也称为CRM系统中的商务智能，内容涉及顾客知识的生成、分发和使用，其中，顾客知识包括顾客的消费偏好、喜欢选用的接触渠道、消费行为特征等许多描述顾客的知识。它提供全方位的顾客数据查询、分析和监控功能。顾客智能还可以对顾客满意度、忠诚度以及顾客生命周期进行分析，通过绩效管理对顾客利润贡献进行评估，从而制定顾客细分策略，针对不同的消费群体，采用不同的促销策略，提高销售成功率。

顾客智能也是CRM的智慧所在。商务智能通过顾客行为分类、关联分析、顾客行为序列分析和群体行为分析等进行顾客识别、顾客分类、顾客差异分析以及顾客满意度与忠诚度评价，有效实施顾客接触点跟踪，对顾客价值进行细分，分析顾客的需求，甚至创造需求，对顾客的消费进行引导，对顾客的行为进行预测。

例如，旅馆需要重视顾客体验，这是因为顾客满意度是企业经营之本。这需要及时了解顾客如何看待旅馆的硬件配置以及服务水平，从中找到旅馆内部需要改进的地方，减少住房率以及会议项目业绩的下滑。又如，位于田纳西州Nashville的知名连锁旅馆Gaylord改变过去人工调查顾客想法、意见的低效做法，从2008年开始采用Clarabridge公司提供的内容分析技术，通过对调查访问、电子邮件、电话访谈（转化为文本）以及时下流行的文字信息、在线实时对话等内容进行分析，很快就可以精确地发现顾客不满意的来源，找出服务弱项或者表现欠佳的服务人员。同时也可以找出服务强项在整个企业内推广。此外，内容分析软件也加强了Travelocity公司与合作伙伴的关系，如在收到特定供货商的意见后，就可以反映给他们，这样有价值的顾客信息就能够共同分享。

（三）商务智能的绩效

企业在实施商务智能选型时不仅看服务商的品牌、产品价格、功能的全面性等因素，而且更关注商务智能解决方案是否能真正解决企业问题。在未来几年里，关键绩效管理将成为商务系统必备的前端展示工具。绩效管理是商务智能新的发展阶段，也是一个新兴信息系统，绩效管理显示出了强劲的发展势头。绩效管理是帮助企业控制、管理经营表现的工具。

（四）商务智能的价值

商务智能的价值在于提高决策的质量，增加企业的收入，降低成本并改善顾客满意度。具体来说，商务智能分析哪些产品能带来最大的利润，直观地反映哪些用户付款不及时、哪个部门的差旅费最高、哪些因素影响了员工的保有率、哪些供应商的原料质量最好等信息。而这些关注点表明了商务智能价值驱动的发展方向。目前，已经开发出决策者需要的商务事件的分析器，该工具集成了分类变量和排序变量划分规则，有效地搜寻事件顺序模式，发现商业环境的变化和趋势。

（五）商务智能的数据质量

数据质量问题已成为阻碍商务智能广泛使用的主要原因。低劣数据对数据分析结果影响甚大，数据质量控制也是决定商务智能项目成败的关键因素。数据质量差已经成为商务智能应用的瓶颈之一。为了提高数据的准确性，需要对数据的整个生命周期进行管理，尤其是数据源质量的控制。此外，元数据管理也需要重视，数据的血缘分析和影响分析等技术将细化。

随着企业对数据质量的要求越来越高，商务智能技术开始重视选择使用专门的套件工具，包括实时的数据抽取工具、数据质量防火墙等，例外分析工具也开始占据主导。

除以上主要的趋势外，商务智能也可以促进应用主体向中层、业务操作层延伸，使商务智能融入日常业务，即流程型商务智能（在流程关键节点之中内嵌智能或操作型商务智能）将得到一定程度的推广。总之，商务智能正处于全面发展的新阶段。借助商务智能的核心技术，企业无论是在数据利用、分析决策方面，还是在流程优化、绩效管理等方面，都将比以往更加智能化。

二、商务智能的发展

近年来，国内一些企业管理软件厂商在其ERP、CRM、SCM等产品中集成了商业智能的部分功能。例如，用友、金蝶、博科等公司的产品都集成了多维分析的功能。此外，国内商务智能企业通过代理国际商务智能企业的产品。面临国际巨头的威胁，菲奈特、尚南科技等小商务智能公司凭借本地化、价格低的优势，也在不断加强创新能力。国内商务智能市场发展迅速，竞争日益激烈，高端市场被少数国际大厂商占据，比较成熟的商务智能软件产品和解决方案大多也来自国际厂商。国内多数企业对商务智能的利用仍停留在报表等低端应用上。低端市场由国内的商务智能提供商、独立软件开发商和集成商控制。国内外商务智能软件企业的实施和应用水平有很大的差距，目前国外有一些企业已进入多维分析和数据挖掘阶段，而国内商务智能的发展只是近几年的事情，商务智能应用的范围和程度都与国外企业有很大差距。绝大多数实施商务智能企业的应用水平停留在基本的数据整合阶段和简单的统计分析阶段，真正实现深度数据分析的项目很少。

总之，商务智能应用范围的不断扩大和用户认知度的提升，为商务智能软件的推广和应用带来新的发展机遇。此外，虽然大型企业依然是商务智能的应用主体，但中小企业的商务智能应用需求也开始释放。中小企业已经意识到信息化的重要性和迫切性，对商务智能系统的期望也远远不是止步于了解阶段，它们必将成为中国商务智能市场的生力军。因此，各大商务智能厂商已经开发出适合中小企业应用的商务智能解决方案。

第二章 商务智能的技术支撑

第一节 商务智能的系统架构

一、商务智能的系统架构

商务智能系统架构是对商务智能系统的构成要素、关键组成部分以及整体结构之间的关系进行界定,并通过识别和理解数据在系统中的流动过程,以及数据在企业中的应用过程来提供商务智能系统应用的主框架。

商务智能系统架构由交易系统层、基础设施层、功能层、组织层、商务层五个层面自下而上构成。其中,交易系统层是指企业的业务系统,如企业资源计划(ERP)、客户关系管理(CRM)、供应链管理(SCM)、遗留系统(Legacy SyStem,LS)等。这些系统是原始数据的来源地,商务智能软件可以通过应用程序接口(Application Programming Interface,API)来访问这些系统。基础设施层负责对来自交易系统层的原始数据进行抽取、转换、装载等加工,经过一系列清理将其装入数据仓库和数据运营店,在加工过程中必须保证数据质量和元数据的一致性。功能层是系统的核心层,其主要功能是分析存储的数据,管理用户关注的信息,辅助企业运营和战略实施。功能层的数据管理通常采用模型库、知识库、数据集市等推理工具。系统内的前后台分析部门、绩效管理及活动监控集中于组织层,需要组织成立技术支持部门,实施过程中应有方法论,涉及的决策支持工具大致分为三种类型:联机分析处理、数据挖掘、报表查询工具。最高层的商务层把战略推向执行，旨在实现对财务指标与非财务指标的衡量。在上述五层的支撑下，商务才能真正实现智能化、全球化、虚拟化、透明化。可见，商务智能集成大量数据，对其进行加工并从中提取能够创造商业价值的信息，服务业务层与管理层，指导企业经营决策，涉及企业战略、管理思想、业务整合和技术体系等层面，是融合了数据仓库、联系分析处理、数据挖掘等先进技术与创新管理理念的结合体，促进从信息到知识再到利润的转变，从而实现更好的效益。

从上述系统结构可知，商务智能系统集成了遗留系统、数据仓库、数据挖掘与联机分析处理等多种各具特色的数据分析技术来处理业务数据。它将从不同的数据源收集到有用的数据进行清理、转换、重构等操作，并存入数据仓库或数据运营店，然后使用查询、数据挖掘、联机分析处理等适当的数据分析技术对信息进行分析和处理，使其成为决策者能使用的决策知识，并以适合的方式展现给决策者，以便决策者制定决策方案。

综合来看，商务智能不是一种新技术，而是客户关系管理、企业资源计划及数据库、数据挖掘、数据仓库等在企业信息化中的整合运用，是对大量数据的提炼和重新整合，其主要价值在于将企业数据金矿转化为企业的竞争优势。但与传统的经理信息系统及决策支持系统相比，商务智能系统将整个产业链作为应用范围，又有不将用户群局限于企业内部的特征。作为企业商务活动的全新领域，商务智能系统服务的对象是企业的管理与决策，它是由软件技术组件构成的系统化的管理理念和解决方案，而不是静态技术软件包的初级组合。

二、商务智能系统要素

商务智能系统从本质上说是通过分析企业运营数据，获得高价值的知识或信息，使企业能够在合适的时间采用合适的方法把合适的知识或信息交给合适的对象。因此，商务智能系统具有以下特点：

第一，商务智能系统是一个综合开放的系统。它的开放性表现在面向企业内外部环境，同外界环境保持动态互联。

第二，商务智能系统拥有强大的数据分析能力。它集成了多种先进的数据分析技术以提高企业决策的效率和准确性。

第三，商务智能系统能够挖掘数据与信息中潜在的知识。商务智能的目标是增强企业的运营能力，挖掘大量数据中的潜在信息并对它们进行对比分析和趋势预测。

商务智能以企业信息资源的开发为目标，建立完善的信息系统架构是商务智能成功实施的基础。结构化、半结构化及非结构化信息在不同层次上的变化使企业商务智能系统的构成要素也发生了深刻变化。

三、商务智能系统的实施

传统的业务信息系统都是面向事务的实时或批处理的管理信息系统，其主要目的是满足单个部门的业务需求，系统之间数据分散，缺乏一致性，数据共享的难度较高，综合分析的效率较低，很难将数据有效地转化为信息和知识，也很难有效地解决数据动态集成、历史数据处理等问题。因此，实施商务智能系统，需要建立统一的信息平台，有机整合内外部数据和信息为管理层提供充分的决策支持服务。基于商务智能系统的方法、技术和软件，通过建立一个数据建模、处理和分析的集成环境，构建集中统一的业务数据视图并将其推送到企业各级领导的桌面，为经营管理和战略决策提供综合信息支撑。

实施商务智能系统的完整过程是：对源数据进行标准化、抽取、转换、装载等后，将其加载到中央数据仓库，再经过分类加工将其存放到数据集市中，或进一步存放到多维数据库中，以实现数据的整合，而后通过建立数据分析模型，对整合后的数据进行分析，并利用数据展现工具将结果反馈给用户。建设综合的信息平台，实施商务智能，总体上可以分为数据获取与处理、数据管理与建模、数据交付与使用三个层面。

第一，数据获取与处理实现数据的整合，是商务智能技术实现的基础。为了保证后序工作的顺利进行，应该做到以下几点：①商务智能系统建设是"一把手"工程，需要管理者支持；②有明确的分析和智能运营管理的需求；③有实施经验的专家；④有大量的数据积累；⑤有简单易用的工具。

第二，数据管理与建模实现企业数据模型的构建，是商务智能的核心。作为企业的战略组成部分，商务智能系统首先要有相应的软件和硬件条件支撑。商务智能核心技术大致分为四个方面：数据仓库、数据挖掘、联机分析处理与企业信息门户技术。这四个方面的核心技术要相互补充，进而形成有力的商务智能系统。

第三，数据交付与使用实现智能分析，是商务智能的直观体现。在运行和维护阶段，应该检验系统建立的完善性，分析并解决出现的问题。此外，还应该根据实际情况进行相关决策，然后对产生的效果进行评估，并予以调整。

第二节　数据仓库技术

当前，经济发展速度减慢，市场竞争逐渐激烈，企业在面临两种打压之下，如果想保障企业经济快速稳定发展，就必须裁员、增加效益、改革企业股份制度等，掌握全面、综合、正确的信息是企业在改革过程中能够获得成功的关键。由于经营的方案逐渐从把产品放在首要地位变成了将顾客放在首要地位，数据本身的内在价值引起了更多人的注意，企业意识到充分发挥信息的作用是面对挑战时的制胜关键，因此数据仓库技术也慢慢地被IT领域所注意，成为热门技术。

信息技术的应用逐渐得到推广，有利于促进企业更高质量、更有效率、更灵活地运营，但也会出现"数据爆炸"的难题，以往留存下来的旧数据会被闲置起来、无人处理，积少成多之后，人们面对庞大的数据就会束手无策，那么怎么高效率地整理和储存数据，将其中所蕴含的富有价值的信息提取出来转变成商业价值，供企业发展所用，便成为决策者关注的共同问题。数据仓库是高效率集结合成、整理数据的技术，能够帮助决策者时刻了解企业的运营管理情况，及时意识到问题所在，从而提升决策质量和水平。如今数据仓库艺术已经受到越来越多的企业的青睐。

一、传统数据库的特征体现

企业整理数据的方式一般有两种：一种是操作型处理，也叫作联机事务处理，主要是通过数据库来操作一些具体的事务，大部分是用来搜寻或者修改一些数量较少的记录。大部分的使用者比较关注操作时反应的速度，数据储存的保密性、完整性以及并发支持的使用者数量等重要问题。以往的数据库系统是数据整理的主要方式，大多在进行操作型处理时使用。另一种是分析型处理，主要是对包含某种主题的旧数据进行深入分析，得出一定的结果，支持企业的管理决策。

企业日积月累的信息化管理和建设，使数据库中积压了越来越多以往业务的相关数据，旧的决策支持体系以日常事务处理为根基，但旧的数据库对这种处理方式无法给予充分的支持，原因在于操作性处理与分析型处理所呈现出的特点各不相同，有以下几个特征：

第一是处理性能。大部分企业的日常事务处理会有频繁多次、简单的数据提取和存储，所以操作型处理会有更高的性能需要，要求数据库以最少的时间对操作作出反应。但分析型处理不像操作型处理那样要求如此强大的响应功能。一些数据分析会耗费几个小时甚至更长的时间，大大消耗了系统资源。

第二是数据的收集合成。企业对数据的操作性处理一般呈现出分散的特点，旧的数据库是针对应用的，这一特点使数据的收集合成更加有难度。数据的懒散分化、不一致，外部数据的存在以及非结构化数据的干扰，导致企业获得综合、正确的数据更加困难。但对数据作出分析性处理则是针对某一主题的，通过加工处理与收集合成之后的数据更加综合全面、更加正确，从而能够获得更有效果的支持分析。

第三是数据更新，操作型处理方式一般是以原子事务为单位，数据更新换代快，要求并行控制与恢复体制的辅助。而分析型处理方式会存在比较复杂的数据搜寻，多为只读不编辑操作。历史数据是作出错误决定的罪魁祸首，所以要经常对分析型处理的数据予以更新。

第四是数据时限。操作型处理大多用于日常事务的处理，所以只注意到目前存在的数据。但在决策分析的时候，综合考虑历史数据和当前数据非常重要，只有如此才能够更加正确地掌握企业未来的发展方向，作出更符合企业发展的决策。

第五是数据综合。操作型处理一般只完成基础的统计，过程中就会留存许多细节数据，把这部分数据按不一样的标准整理汇合，以供未来数据分析时使用。

二、数据集市的开发

在最初，人们设立企业级数据仓库的时候，通常会先构建一个系统的数据库，接着以该数据库为基点开发各类不同功能的应用，也就是采取了"自顶向下"的方式。不过在设立时可能会有这些难题产生：首先，采取"自顶向下"的方式来建立数据库，会出现构建的规模过大，进而导致构建时间长、投入资金多等问题。其次，数据库建成之后，由于使用数据库的部门会逐渐增加，最终会出现对数据库中现存资源的激烈竞争，就是企业在发展过程中会出现的重要问题。最后，数据仓库中的每个部门都渴望自己能够制定仓库数据，而矛盾点就在于数据仓库的数据要为整个企业服务。数据集市的开发则能够很好地解决这一问题，它可以面向单个部门、单个业务单元或者是特定的应用，所以就有规模小、方便快捷、使用成本较低、成效快而显著等优点。数据集市的开发与应用不但实现了各个部门不同的数据处理要求，而且能够作为企业数据仓库的子集帮助搭建更为完善的企业级数据仓库。

三、元数据的存储方式

广义上来说，元数据主要是阐述和分析数据仓库中所储存数据结构以及构建方式、方法的数据。元数据是作为数据库管理体系中至关重要的部分而存在，元数据管理器则是作为核心组成部件存在于企业级数据仓库之中，与数据仓库的建立有着密不可分的关系，与数据仓库的建立、使用及维修有着直接关系。

元数据的存储手段通常有以下两种：一是把数据的集合作为基本，每个集合都由一定的元数据文件构成，元数据文件中就有与之相符合的数据集合中的元数据内容；二是把数据库作为基本，也就是元数据库。元数据库中的文件由多个部分组成，一个部分代表元数据中的一个要点，每一个记录都代表着数据集合中的云数据内容。以上两种存储手段有好有坏，前者的好处是在选择和提取数据的时候，对应的元数据也是以一个文件而存在并传送的，较数据库而言是作为个体而存在，在对元数据检索的过程中既可以通过对数据仓库的功能特点加以利用，又可以通过把云数据移动到别的数据仓库系统中来处理。缺点是一个数据集会有相对应的元数据文件存在，那么宏大的数据库当中就会有数量庞大的云数据文件存在，导致管理起来非常麻烦。后者的好处就在于云数据库里只存在一个元数据文件，相对来说管理起来较简单，增加或者删除某一数据集的时候，只需要在该云数据文件中增加或者删除相对应的记录即可。要提取某一数据集中的元数据时，由于真正获取的不过是其中相对应的一个记录而已，这就需要用户系统能够接纳特殊形式存在的数据。所以，元数据库的存储方式更多地被提倡使用。

元数据仓库一般是用来储存元数据的，所以元数据仓库选择符合潮流的关系数据库管理体系为佳。元数据库还能够用来操作处理与搜寻元数据。建立元数据仓库最大的优点就是能够使企业使用同一套数据结构与业务规则，这有利于将企业中各个不同的数据集市结合在一起。当前，有一部分企业更喜欢构建数量较多的数据集市，取代一个集中的数据库，在这个时候，可以不着急建立数据仓库，而是先构建一个可以用来阐述和分析数据、服务与应用集合在一起的元数据库，如果把前期数据仓库实施的准备工作做扎实，有助于未来开发与维护工作的展开。元数据库能够保障数据库中数据的协调统一性与正确性，为将来企业对数据的高质量管理提供前提和基础。

数据仓库中数据的多粒度结构使使用者在利用数据时可以有选择的机会，比如家用电器的售卖数据能够在满足市场需要的同时，也满足财务部与销售部的需要，如果财务部想要知道某个特定地区的收入金额时，只需要使有关数据的力度有变化即可。

目前，大部分商务智能产品都有不同的元数据模型，这就可能给集成不同产品带来麻烦。针对这个问题，元数据模型的标准化管理是有必要的，通用数据仓库元模型（Common Warehouse Meta-model，CWM）就是不同元数据的存储和管理标准，这种标准是OMG为解决元数据交换而采用的一个标准，得到了IBM、Oracle、NCR、Sim和HP等公司的支持。这个标准提供了基于XML的元数据交换模型，可能大量应用于新一代的数据仓库系统。

通用数据仓库元模型通过不断完善的模型标准管理元数据，其中Package通过OMG提供的标准交互式数据语言（Interactive Data Language，IDL）转换为关系数据库管理系统中的SQL或存储过程实现。这里的Package利用统一的接口方便应用存储元数据。这样，元数据就可以在不同商务智能系统之间交换和共享，从而减少商务智能构建的费用。

四、数据仓库的存储操作

数据仓库实现了操作型数据与分析型数据的分离，从而为企业建立了数据库-数据仓库（DB-DW）两层体系结构。然而DB-DW并不能完全满足企业所有的数据处理需求。在实际应用中，有时会遇到企业日常管理和战术决策的问题，尤其是最近发展起来的操作型商务智能，需要对面临的问题和机遇做出快速反应。这类问题不是简单的日常事务处理，对此类问题的解决需要企业全局一致的、细粒度的、当前或接近当前（current）的数据，这些数据又是面向主题的、集成的和时变的，具有数据仓库的特征。这里的当前数据可根据业务分析确定。为处理上述问题，需要在DB-DW之间增加一个新的层次——操作数据存储，它属于操作型处理和分析型处理之间的一个中间层次，这样就形成了数据仓库的DB-ODS-DW结构，满足实时或近实时的查询要求和报表需求。例如，电信公司渠道支撑分析人员需要及时地了解顾客消费行为的变化，尽快为顾客提供主动的服务，从而挽留高价值顾客，提高收入，这就需要对近实时的数据进行分析。

与数据仓库相似，操作数据存储中的数据组织方式也是面向主题的、集成的，因此数据在进入操作数据存储前也需要进行集成处理。然而操作数据存储又有类似操作型数据库的特点：操作型数据库是联机可变的，它会根据需要对这些数据执行增删和更新等操作。操作数据存储只存放当前或接近当前的数据，存取的数据是最近一段时间产生的，而不是历史数据。操作数据存储的数据可作为数据仓库的数据源成批导入。

五、数据仓库的模型

模型是根据客观现实世界而建构出的虚拟的、抽象的工具。在管理和整合数据和信息时，首先要把客观现实世界中存在的事物以及与事物有关的特点，用信息世界的相关数据来表示，才能够实行处理，这个过程需要数据仓库模型来实现。

数据仓库模型其实就同现实中存储仓库中的货架一般，对模型的设计是数据仓库设计过程中的重要环节。模型主要有三种类型——概念模型、物理模型与逻辑模型。元数据模型的设计从一开始到结束都和数据仓库的设计、实行与使用。数据粒度与聚合模型在数据仓库设计过程中也占据至关重要的地位，与数据仓库的具体实现息息相关。

信息世界是现实世界在人们头脑中的反映，概念模型用来表达信息世界中的信息结构，通常人们利用概念模型定义实际的数据需求。确定概念模型需要和用户一起完成。关系数据库一般采用实体-关系（E-R）图作为概念模型的表示方法，这是由于E-R图简单、易于理解，有良好的可操作性，对现实世界的描述能力也较强。目前的数据仓库实际上是通过主题分析表示概念模型的，每个主题用若干维（dimension）和度量（measure）表示。维度是人们观察世界的特定角度。例如，销售经理需要了解每个月、某个特定地区、不同销售部门销售新产品创造的利润，可以按照时间、地区、分销机构和产品型号等维度进行评价，这就是业务问题的分析维度。度量是确定与维度分析有关的数值信息，如销售量等。在银行卡业务分析中，银行卡业务的收入主要包括用户年费、透支的利息、向特约商户收取的刷卡消费手续费和其他收入。以顾客为中心，获取有价值的顾客是银行卡业务关注的重点，因此顾客、商户和卡业务是银行卡业务分析的主题。概念模型通过用信息包图表示，包括主题的多维特性、每个维度的层次以及分析指标（度量）。

在概念模型中确定了主题，定义了分析维度和度量后，就可以设计数据仓库的逻辑模型了。数据仓库可采用多维数组实现，具有查询方便、快速的优点。但随着关系数据库的成熟，数据仓库也可以建立在关系数据库的基础上，在进行维度分析时利用原有的关系模型构建事实表和维表，事实表包括分析的主题相关维度ID和度量，维表包括维度的具体内容。例如，上面提到的银行卡业务分析中用户主题可以用用户基本信息、时间、渠道、产品、人口统计和用户细分信息等对银行卡用户进行多角度透视，全方位把握用户信息。目前主要的数据库厂商都扩充了数据仓库管理功能。数据仓库通常有以下两种基本的逻辑模型：星型模型和雪花模型。星型模型的核心是事实表，事实表把各种不同的维表连接起来。雪花模型是星型模型的扩展，某些维表中的数据可以进一步分解到附加的表中，以便减少冗余，节省存储空间。雪花模型对星型模型中的维表进行进一步标准化、规范化处理。除星型模型和雪花模型外，还有衍生模型，如星系模型描述了数据仓库中多个事实表共享一个或多个维表的情况。

总的来说，逻辑模型设计过程中主要有确定数据库里数据粒度的多少、数据的分割方法、数据之间的关系类型和记录系统概念等工作内容。逻辑模型是根据现存的需要存载某一主题的逻辑实现作出相关的定义，然后将有关的内容记录到数据库的元数据中。

数据库逻辑模型设计开发过程中，会面临确定数据库粒度多少的难题，数据粒度的划分是否合理与数据库中数据的数量以及与之相对应的查询方式息息相关。在对数据仓库的力度进行划分的时候，能够估计数据函数的多少以及要用到的直接储存装备数，从而决定要使用单一粒度或是多重粒度。

决定数据分割方法之前，要先思考采取什么样的数据分割标准，这时候要综合以下几个方面来衡量：数据数量、数据分析处理的现实状况、方便容易实行与数据库粒度的划分等因素。数据数量的多少要不要使用数据分割和怎样分割起到直接影响的作用，而怎样分析处理数据则是确定数据分割标准的前提和基础。除此之外，要思考采取的数据分割标准是否自然且容易实行，以保证数据分割标准能够同数据粒度的划分相辅相成。

数据库物理模型的建立说明逻辑模型已经在数据仓库中得以构建，也就是数据仓库的物理分布的模型，还有数据库软件、硬件的配置，数据的储存结构和索引、数据保存的地址以及储存的分配等。

在构建数据仓库的物理模型的过程中，必须对选择的数据库管理体系有详细的认识，尤其是储存的结构及储存的方式，同时对数据存储的环境、数据的使用频率和方法、数据的规模大小和反应的速度快慢等有一定的认识，这是能够实现时间与空间效率协调一致的关键。除此之外，还要对外部储存设备的特点有一定了解，比如分块原则、块的大小以及设备的I/O特征等。物理模型的构建是在逻辑模型实现的基础上完成的，在构建时要综合考虑以下几个方面：储存与提取的时间、储存空间的利用率以及维修的付出。当数据仓库中数据的数量特别大的时候，就要通过对数据储存与提取的路径详细地设计，或者通过构建索引来提升数据储存与提取的速度。

主题相同的不同数据可以储存在不同的介质中。做物理设计的时候，经常会根据数据的重要性、数据使用的频率和反应速度快慢的需要来划分，然后将各类不同数据分类储存在不同的储存设备里。相对来说比较重要、使用频率高且要求反应速度快的数据放置在高速储存设备中，比如硬盘或者内存。对于使用频率较低且不要求反应速度的数据就放置在低速储存设备中，比如磁盘或者磁带。

决定数据储存在哪个地方，可以通过以下方式判断，进而设计与之相符的元数据。比如，有没有给部分使用频率较高的应用构建数据序列，有没有对经常使用的又不频繁修改的表或者属性特点冗余储存。部分数据库管理体系会给设计者提供一些储存分配的参数以作参考，让设计者能够进行物理优化处理，比如块的大小、区间的大小及数量等，这部分存储分配的参数需要在物理设计的过程中就加以确定。

第三节　在线分析处理技术

"在商务数据分析中需要构建联机分析处理模型，通过对电子商务的数据建模、应用建模和知识建模方法进行智能商务分析平台的开发设计，提高商务数据的采集、存储、分析能力，因此，研究智能商务分析平台的开发和设计方法，在实现商务数据的智能分析决策中具有重要意义。"[1]

1970年，关系数据库之父埃德加·考特（E.F.Codd）提出了关系模型，促进了在线事务处理（On-Line Transaction Processing，OLTP）的发展。在线事务处理通常是一个或一组记录的查询和修改，用于处理短暂的交易事务，如银行账目更新、实时库存变化、顾客的订单与发货情况的更新以及病人健康状况的更新等。此外，传统的系统对数据的分析和展现基本是基于二维信息的，当针对不同需求编写相应的二维报表时，会导致报表堆砌和大量的数据冗余。然而在日常决策中，决策者不能仅仅局限于粗略的数据查阅，更要注重精细的数据分析。他们往往需要从多个角度分析问题，以便发现多个变量之间的关系。例如，某体育用品销售公司1月份在哪个国家的什么地区头盔销售处于领先地位？这与销售的多个方面，如产品、销售、数量、地区和时间等有关。这些观察数据的角度称为维，相应地，在多维数据上的分析称为在线分析处理（OLAP），也称为多维分析。在线分析处理进行每一次查询都要数千次甚至数万次地对数据进行扫描。传统的

---

[1] 郑国凯，黄彩娥. 基于大数据的智能商务分析平台开发和设计[J]. 现代电子技术，2020，43（5）：163.

OLTP很难满足这样复杂的查询。

通常，报表反映了业务状况，告诉管理者发生了什么事情。而要明白"为什么发生"就需要借助OLAP，例如公司营销业绩让人不满意，什么地方的营销不好？哪些产品的营销出现了问题？类似的问题都可以用OLAP解决，因此OLAP也称为例外分析。

OLAP用于支持复杂的多维分析操作，并最终以一种直观易懂的方式把查询结果返回给分析人员，OLAP侧重于对中高层管理人员的决策支持。

一、在线分析处理的简介

（一）在线分析处理的基本概念

（1）变量。变量是数据度量的指标，是数据的实际意义，即描述数据"是什么"。

（2）维。维是描述与业务主题相关的一组属性，单个属性或属性集合可以构成一个维。例如，计算机配件销售随着时间推移而产生的变化，这是从时间的角度对产品的销售进行观察。如果把一个主题的多种属性定义为多个维，那么用户就能够从多个角度组合分析销售情况。

（3）维的层次。一个维往往可以具有多个层次，例如时间维分为年、季度、月和日等层次，地区维可以分为国家、地区、省、市等层次。这里的层次表示数据细化程度，对应概念分层。后面将要介绍的上钻操作就是由低层概念映射到较高层概念。概念分层除了根据概念的全序和偏序关系确定外，还可以通过对数据进行离散化或分组来实现。

（4）维的成员。若维是多层次的，不同层次的取值构成一个维成员。部分维层次同样可以构成维成员，如"某年某季度""某季度某月"等都可以是时间维的成员。

（5）多维数组。多维数组用维和度量的组合表示。一个多维数组可以表示为：维1，维2，……，维n，变量。例如，月份，地区，产品，销售额组成一个多维数组。

（6）数据单元（单元格）。多维数组的取值。当多维数组中每个维都有确定的取值时，就唯一确定一个变量的值。数据单元可以表示为：维1成员，维2成员，……，维n成员，变量的值。

（7）事实。事实是不同维度在某一取值下的度量，如上述2007年第一季度LCD在大中华区的销售额是560万台就表示在时间、产品和地区三个维度上企业销售事实的度量，同时在销售事实中包含时间维度的两个层次：年和季度。如果考虑与销售事实有关的所有维度，就形成了有关销售的多维分析视图。

（二）在线分析处理的定义

OLAP是由E.F.Codd提出的，他同时提出了在线分析处理的准则。目前已出现了很多在线分析处理的定义：在线分析处理是一种共享多维信息的快速分析的技术；在线分析处理利用多维数据库技术使用户可以从不同角度观察数据；在线分析处理用于支持复杂的分析操作，侧重对管理人员的决策支持，可以满足分析人员快速、灵活地进行大数据量的复杂查询的要求，并且以一种直观易懂的形式呈现查询结果，辅助决策；在线分析处理是针对特定问题的在线数据访问和分析；在线分析处理是通过对信息的多种可能的观察形式进行快速、稳定一致和交互性的存取，允许管理人员对数据进行深入观察。上面定义从各个角度对在线分析处理给予了不同的解释，OLAP委员会（OLAP Council）则给出了较为正式和严格的定义，他们认为在线分析处理是使管理人员能够从多种角度对从原始数据中转化出来的、能够真正为用户所理解的并真实反映业务维特性的信息进行快速、一致和交互的存取，从而获得对数据更深入的理解。

从上述定义可以看出在线分析处理根据用户选择的分析角度，快速地从一个维转变到另一个维，或者在维成员之间进行比较，使用户可以在短时间内从不同角度审视业务的经营状况，以直观易懂的方式为管理人员提供决策支持。

这里值得提及的是OLAP虽然直译为"在线分析处理"，但只是当前在线分析的主要手段，其特点是基于多维数据模型（数据立方体）。在线说法缘于业务分析人员对多维数据分析后的中间结果进行分析，这与传统基于关系数据库的查询处理方式不同。

（三）在线分析处理的特点

（1）快速。终端用户对系统的快速响应有很高的要求。调查表明，如果用户无法在30s内得到回应就会变得不耐烦，影响分析质量。通常系统应能在5s内对用户做出回应，但对于大量的数据分析要达到此速度并不容易。因此在线分析处理平台采用了多种技术提高响应速度，例如专门的数据存储格式、大量的预处理和特殊的硬件设计等，通过减少在线分析处理的动态计算，事先存储在线分析处理查询所需粒度的数据等主要手段获得在线分析处理响应速度的提高。尽管如此，查询反应缓慢仍然是在线分析处理产品经常被提及的技术问题。

（2）可分析。用户可以应用在线分析处理平台分析数据，也可以使用其他外部分析工具，如电子数据表。这些分析工具基本都以直观的方式为用户提供了分析功能。

（3）共享。由于人们认为在线分析处理是只读的，仅需要简单的安全管理，导致目前许多在线分析处理产品在安全共享方面还存在很多问题。因此当多个用户访问在线分析处理服务器时，系统应在适当的粒度上加锁。此外，随着越来越多的应用要求用户写回数据，系统的安全性将会得到更多的重视。

（4）多维。维是在线分析处理的核心概念，多维性是在线分析处理的关键属性。这与数据仓库的多维数据组织正好相互补充。为了使用户能够从多个维度、多个数据粒度查看数据，了解数据蕴含的信息，系统需要提供对数据的多维分析功能，包括切片、旋转和钻取等多种操作。

在线事务处理是事件驱动、面向应用的，其主要特点是对性能要求高、用户数量大。在线分析处理则支持复杂的分析，侧重于为管理人员提供决策支持，并以直观的形式呈现结果。

二、在线分析处理的操作

在线分析处理比较常用的操作包括对多维数据的切片（slice）与切块（dice）、上钻（drill-up）与下钻（drill-down）以及旋转（rotate）等。此外，在线分析处理还能对多维数据进行深加工。在线分析处理的这些操作使用户能从多个视角观察数据，并以图形、报表等多种形式表示，从而获取隐藏在数据中的信息。

二、在线分析处理的类型划分

（一）按照处理方式划分

OLAP按照数据处理的地点可以分为服务器端在线分析处理（Server-side OLAP或 Server OLAP）和客户端在线分析处理（Client-side OLAP或Client OLAP）。

（1）Server OLAP。绝大多数OLAP系统都属于此类，Server OLAP在服务器端的数据库上建立多维数据立方体，由服务器端提供多维分析，并把最终结果呈现给客户端。

（2）Client OLAP。与服务器端在线分析处理相反，Client OLAP把相关立方体数据下载到本地，由本地为用户提供多维分析，从而保证在出现网络故障时仍然能正常工作。这类OLAP产品往往轻便、简洁。例如，CognoS（IBM）的Powerplay产品提供了简洁部署且具有交互性的PowerPlay Web Explorer界面，其他代表产品还有Brio Designer等。

（二）按照存储方式划分

OLAP按照存储器的多维数据存储方式可以分为关系在线分析处理（Relational OLAP，ROLAP）、多维在线分析处理（Multi-dimensional OLAP，MOLAP）、桌面在线分析处理（Desktop OLAP，DOLAP）和混合在线分析处理（Hybrid OLAP，HOLAP）等。

（1）ROLAP。ROLAP使用关系数据库管理系统（RDBMS）或扩充关系数据库管理系统（XRDBMS）存储和管理数据仓库，以关系表存储多维数据，有较强的可伸缩性。其中维数据存储在维表，而事实数据和维ID则存储在事实表，维表和事实表通过主键和外键关联。此外，ROLAP通过一些软件工具实现，物理层仍用关系数据库的存储结构，因此称为虚拟OLAP（virtual OLAP）。

（2）MOLAP。MOLAP支持数据的多维视图，采用多维数组存储数据，它把维映射到多维数组的下标或下标的范围，而事实数据则存储在数组单元中，从而实现了多维视图到数组的映射，形成了立方体（cube）结构。但随着维数的增加，大容量的数据可能使立方体稀疏化，此时需要借助稀疏矩阵压缩技术来处理。由于MOLAP是从物理层实现，采用了多维数组的存储结构，故又称为物理OLAP（physical OLAP）。

（3）DOLAP。DOLAP属于单层架构，它是基于桌面的客户端在线分析处理，其主要特点是由服务器生成请求数据相关的立方体并下载到本地，由本地提供数据结构与报表格式重组，为用户提供多维分析，此时无须任何网络连接，灵活的存储方式满足了移动用户的需要，但支持的数据量比较有限，影响了使用的频率和范围。

（4）HOLAP。HOLAP有机结合了ROLAP和MOLAP技术。许多商务智能提供商，如Speedware和Microsoft等公司在其产品中都应用了HOLAP。在MOLAP立方体中存储高级别的聚集，在ROLAP中存储低级别的聚集，使得HOLAP同时具有ROLAP的可伸缩性和MOLAP的快速计算等优点，能够满足用户复杂的分析，性能介于ROLAP和MOLAP之间。

除以上常见的OLAP外，基于可扩展标识语言（Extensible Markup Language，XML）格式的OLAP实现方式（Extensible OLAP，XOLAP）也开始流行。目前，OLAP面临的主要问题是生成的数据立方体体积庞大，特别是当维较多、元组也较多时这个问题显得尤为严重。而XML作为数据交换的标准格式，有着明显的层次结构，由此提出的XOLAP用XML本身的层次结构体现数据立方体中元组之间的聚集关系，能有效减小数据立方体的体积，从而提高多维分析的性能及其灵活性。

第四节　数据挖掘技术

数据挖掘又称为数据库中的知识发现（Knowledge Discovery in Database，KDD），它是一个利用人工智能、机器学习和统计学等学科理论分析大量的数据，进行归纳性推理，从事务数据库、文本数据库、空间数据库、多媒体数据库、数据仓库以及其他数据文件中提取正确的、新颖的、有效的以及人们感兴趣的知识的高级处理过程。数据挖掘的任务是从大量的数据中发现对决策有用的知识，发现数据特性以及数据之间的关系，这些知识表现为概念、规则、模式和规律等多种形式。

一、数据挖掘的认知

企业经常需要从大量运营数据中获取信息和知识以辅助决策，但现有的管理信息系统难以满足这样的需求。常见的查询、统计和报表都是对指定的数据进行简单的统计处理,而不能对这些数据所蕴含的模式进行有效的分析。此外,数据挖掘与信息检索也不同:信息检索是针对数据的特征来寻找信息。例如,使用Google等搜索引擎寻找含有某关键词的网页。如何从大量数据中提取出隐藏的知识,就成为数据挖掘发展的动力。

(一)数据挖掘的内涵界定

数据挖掘不是验证某个假设的正确性,而是在数据中寻找未知模式,本质上是一个归纳学习的过程。数据挖掘是一门涉及面很广的交叉学科,融合了模式识别、数据库、统计学、机器学习、粗糙集、模糊数学和神经网络等多个领域的理论。数据挖掘有一些替代词,如数据库中的知识发现(KDD)、知识提炼、模式识别、数据考古、数据捕捞和信息获取等。由于"数据挖掘"能表现"挖掘"的本质,因此在学术界和业界被广泛应用。

概括而言,数据挖掘是从大量的、不完全的、有噪声的、模糊的、随机的数据中提取正确的、有用的、未知的、综合的以及用户感兴趣的知识并用于决策支持的过程。其中"正确"意味着提取的信息、知识应该是正确的,保证在挖掘结果中正确信息的比例。数据挖掘的结果往往很多,"有用"意味着挖掘出的模式能够指导实践。要让用户接受一个挖掘出的业务模型,仅靠正确的结果是不够的,还需要考虑模型的可用性和可解释性,即模型有什么业务价值。数据挖掘毕竟不是为了建立一个完美的数学模型,而是要切实解决实际业务中出现的问题。"未知"强调挖掘的模式具有预测功能,不仅是对过去业务的总结,也可以预测业务的未来发展。"综合"说明数据挖掘的过程应当运用多种方法,从多个角度得出结论,挖掘结果不应该是片面的。此外,数据挖掘的结果是用户感兴趣的。同一组数据用不同的数据挖掘方法也可能得到不同的模式。在数据挖掘产生的大量模式中,通常只有一小部分是用户感兴趣的,这就需要过滤掉用户不感兴趣的模式,通过设定兴趣度度量评价。每一种兴趣度度量都可以由用户设定阈值,低于阈值的规则被认为是不感兴趣的。兴趣度度量包括客观兴趣度度量和主观兴趣度度量,前者使用从数据推导出来的统计量来确定模式是否有趣,而后者需要领域专家的先验知识,可能需要领域专家解释和检验被发现的模式。下面简要介绍这些兴趣度度量,其中模式的简洁性、确定性、实用性和提升度属于客观兴趣度度量,而新颖性是主观兴趣度度量。

（1）简洁性：模式兴趣度的一个重要因素是简洁，符合最小描述长度（Minimum Description Length，MDL）的要求，便于理解和应用。模式简洁的客观度量可以看作模式结构的函数，用模式的二进位位数、属性数或模式中出现的操作符数进行度量。一个规则的条件越复杂，它就越难以解释，用户对它的兴趣度可能就比较低。

（2）确定性：每个发现的模式都有一个表示其有效性或值得信赖的确定性度量，如分类规则的置信度、关联规则的置信度等。

（3）实用性：挖掘的模式或规则能带来一定的经济效益，如关联规则的支持度必须大于一定的阈值才可能有商业价值。对于分类或预测型任务，模型的实用性可以通过测试集的预测错误率来判断。而对于连续变量的估计，可以考虑估算值和实际值之间的差别。

（4）提升度：比较模型的好坏还可以用提升度（lift）的概念。以顾客响应分析为例，假设从潜在的顾客群中抽取一定数量的样本进行市场推广，发现有30%的响应者，而利用分类模型挑选同样数量的潜在顾客进行推广，有65%的响应者，那么此分类模型的提升度lift=65/30=2.17。

（5）新颖性：新颖的模式是指那些提供新知识的模式，能够解释意料不到的信息，经常使用户感到意外。一个例外的规则可以认为是新颖的，它不同于根据统计模型和用户的信念所期望的模式。

（二）数据挖掘的发展趋势

数据挖掘是一门不断发展的学科，尽管作为一门独立的学科只有十多年的时间，但数据挖掘的起源可追溯到早期的模式识别、机器学习等人工智能技术以及统计学的抽样、估计和假设检验等。这些技术虽然没有被冠以数据挖掘之名，但至今仍然是数据挖掘的技术基础。随着数据库技术的发展，尤其是近年来计算机的性价比按摩尔定律增长，数据库技术被应用于越来越多的领域。企业存储的数据量越来越大，数据越来越复杂，高级数据库、并行处理和分布式技术也先后应用于数据挖掘领域。Oracle、Microsoft和IBM等主流的数据库厂商聚焦商务智能，已在其产品中增加了数据仓库、在线分析处理和数据挖掘等功能。

如今已经进入了电子商务时代，各个行业的业务都可以实现自动化办理，还可以使用多种多样的信息系统，这些都让企业内部的数据量快速增加，最开始进行数据收集并不是为了对其进行研究。相关调查显示，企业的数据量每两三年迎来一个增长高峰，93%~95%的数据会被收入数据库，但却无法得以充分利用。也就是说，海量的数据没有得以充分利用，所以无法为企业带来财富，反而成为企业的累赘。因此企业面临着两大难题：一是在全球化竞争的大背景下，企业需要在决策时加快速度，并作出最佳选择；二是企业的数据量虽然每年都在增加，但人们却无法从中挖掘有价值的信息，不了解数据之间的关系，也无法通过数据预测未来的发展。在此背景下，数据挖掘产生了。

数据挖掘是分析数据的方法，能够深入揭示数据间隐藏的业务规律，从而为企业带来财富，降低生产成本，提高企业的市场竞争力。

（三）数据挖掘的过程与步骤

数据挖掘的过程由以下步骤组成：定义业务问题，提取与预处理数据，选择挖掘方法分析，解释挖掘结果，探查新模式以及运用发现的知识。整个过程需要数据库管理员、业务分析师、数据挖掘专家（数据科学家、数据分析师、数据工程师等）、数据质量分析人员、系统开发人员等共同合作才能顺利完成。其中业务人员提出业务需求，协助熟悉数据挖掘算法和相关数据挖掘软件的数据分析员把业务问题转化为数据挖掘问题，并评价数据挖掘结果，最终把数据挖掘模型转化为企业的行动，创造价值。数据挖掘是一个非平凡的过程，一些步骤很难自动完成，后续步骤的结果不令人满意可能会回溯，这个过程需要循环多次才能达到目标。

1.确定业务问题

数据挖掘不是简单地把数据输入算法就可以解决问题，业务决策大多数情况下是比较复杂的。因此无论是处理大数据，还是常规数据，在做数据挖掘时都需要熟悉业务，与业务专家紧密协同，准确把握业务分析问题。在此基础上设计或选择合适的算法，并对挖掘结果进行严密的验证。这不是一个简单的过程。

数据挖掘第一步不是分析数据，而是理解业务需求，清晰定义业务问题，从而避免迷失在大量数据中。评价一个数据挖掘项目的成败，主要看挖掘的结果是否解决了业务问题。对于同一个数据集，不同的业务问题会需要不同的分析过程。此处的业务问题并不单单局限于商业领域，而是借助数据挖掘技术能够解决的所有问题。在定义业务问题时，要了解相关领域的背景知识，在此基础上确定挖掘的内容。就拿市场营销来说，顾客的购买行为和方式可能是用户比较感兴趣的内容，而在天文学领域，涉及天体运动规律、某些天体在相同位置出现的概率等相关专业知识，则必须与业务人员深入沟通和交流。

在定义业务问题时，首先，需要考虑是否有充足的与业务问题有关的数据。识别数据挖掘分析的数据是否包含需要的模式是很重要的，这甚至决定了一个数据挖掘项目的成败。其次，需要仔细考虑如何应用已发现的知识，思考如何把数据挖掘的结果应用到业务中有助于洞察业务存在的实际问题。例如，在分析顾客的购买模式时，数据挖掘的最终目的是通过了解顾客的购买模式，确定哪些潜在顾客会对公司的新产品感兴趣，从而针对这些目标顾客制定出相应的市场策略，以实现利润最大化。

2.数据抽取与探测

高质量的数据可简化数据挖掘的过程，这需要从数据源头控制。数据挖掘在确定业务问题后就要抽取相关的数据，这些数据一般用简单文件、文本或数据库表的数据结构表示，不同的数据需要用到不同的工具和语言。分析什么数据？需要多少数据？如何进行各种数据的平衡？又需要什么转换才能进行有效的挖掘？解决这些问题是比较耗时的。数据挖掘往往需要使用大量的数据，但只有包含业务模式的数据才是真正需要的。例如，对某公司的顾客购买模式进行分析，很明显需要顾客购物记录和人口统计等方面的数据，这些数据分布在电子商务交易网站或者连锁店的数据库中，很多情况下数据的质量难以保证，因此充分的数据探测（exploration）是必要的。

数据抽取后不能马上进行数据建模。在数据挖掘之前，要通过绘制各种图表，对数据的分布、变化趋势和相关关系等数据特征进行描述性的统计分析，理解数据的分布与统计信息，有助于全面了解数据特点并建立合适的数据挖掘模型。

3.数据预处理

数据预处理是数据挖掘的前一步骤，能够发现高质量且容易处理的数据。要保证数据挖掘的成功，必须有良好的数据来源，但实际的数据源中有许多不完整的、异常的数据。例如，操作人员因为错误的操作，没有将重要信息及时输入，或者硬件本身出现问题，导致某些重要数据丢失或被修改，这些问题都会让包含重要信息的数据空值。除此之外，还和某些变量有关。在早期进行数据挖掘时，必须先剔除问题数据，否则会影响数据挖掘的质量。所以，在数据挖掘之前，要先对这些数据作出评价和预处理，可以采用可视化、统计学相关理论等方法。

事实证明，只要从数据源开始时控制数据质量，不断纠正各种数据质量问题，就可以推动数据质量的不断改善。

4.数据建模

选择一个合适的数据挖掘算法还是多种挖掘算法的组合主要由解决的业务问题决定，其中参数的选择是一个比较棘手的问题（需要理解数据挖掘算法及其参数的作用）。一旦业务问题明确后，就可以从分类、聚类、关联、预测或者序列分析等方法中选择相应的数据挖掘方法。这些方法可以分为发现型（discovery）数据挖掘和预测型分析（predictive analysis），前者不需要一些业务相关的先验知识（prior knowledge），包括聚类、关联和序列分析，后者包括分类、回归分析等。然后在此基础上确定合适的挖掘算法。按照学习方式的不同，数据挖掘算法分为监督学习和无监督学习。在监督学习中，输入数据（训练样本）有明确的类别或标识，在训练过程中不断调整预测模型，使得预测结果与数据的实际结果尽量接近。监督学习算法包括常见的分类算法、回归分析方法等。在无监督式学习中，输入数据没存类别或标识，通过训练得到数据中的内在规律。常见的无监督学习有关联挖掘、聚类等。

每种数据挖掘算法都有适用的范围（处理的业务问题类型、数据量、数据类型等）和局限性，需要的数据预处理方法也是不同的，数据建模算法也不是越复杂越好。通常每一类问题有多种算法解决，每个算法可能生成不同的结果，具体选择哪种（些）算法没有固定的思路，有时需要综合多种方法才能挖掘出较满意的结果。此外，数据挖掘的结果只是辅助决策，最终的决策还要结合决策人员的业务经验。

面对日益复杂的应用场景，使用单一的数据挖掘算法可能难以满足应用的需要。混合数据挖掘（hybrid data mining）综合运用多种数据挖掘模型或算法，以解决更复杂的问题。例如，在银行客户分析时，可以先使用聚类算法，对客户进行细分，掌握各类客户的群体描述。在此基础上，再使用决策树算法对各类客户的特征进行识别，便于对新客户的类别进行预测，辅助企业的精准营销、产品推荐、客户价值分析以及风险评估等业务决策。

5.评估数据挖掘结果

为了判断模型的有效性和可靠性，需要评估数据挖掘结果。评估模型的好坏可用准确率、召回率、均方根误差、速度、鲁棒性、可解释性等指标。数据挖掘算法会输出许多模式，但并不是所有的模式都是用户感兴趣的，因此需要对这些模式进行评估，这个阶段与业务人员的充分沟通是必要的。可视化的工具把数据挖掘结果以一种直观的形式呈现，有助于解释数据挖掘的结果。

6.部署

数据挖掘的价值体现在把挖掘结果应用到商务决策，更好地辅助管理人员和业务人员的决策，产生经济效益。这里需要注意，挖掘得到的模式应该回到数据产生的业务背景。此外，这些模式有一定的时效性，需要补充新的数据增量挖掘、更新。

下面以电商客户评论的情感分析为例，说明数据挖掘的过程。随着电子商务的发展，竞争逐渐激化，如何改善客户的体验尤其重要。通过对电商平台客户评论文本的分析，挖掘客户对商品的情感倾向以及客户对这些商品满意或不满意的原因就变得尤其重要。

在确定客户情感分析的主题后，就可以利用数据抓取软件或编程，从相应的商品页面抓取客户的评论数据。这是业务理解和数据准备阶段。然后进行数据理解以及预处理。这个步骤主要是利用分词软件，通过字符串匹配、句法分析、关联分析或者基于机器学习的方法，提取重要的关键词，并删除一些停用词、语气词、连词、介词等无用的数据。这里关键词的重要性可以用文献检索的TF-IDF等方法计算。为了提高分析的效果，可以使用LDA等方法提取评论文本中隐含的主题，而不是简单地根据词频多少提取关键词，从而可以进行评论的语义分析。在此基础上，可以对用户的情感进行统计分析，找出客户对商品持有的各种情感的分布，并利用标签云等可视化的方法，展示反映客户正面和负面情感的主题。上述分析不仅为改善客户的体验提供了有用的信息，也为网商改善经营、制造商完善产品设计提供了指导。

（四）数据挖掘的常见语言

数据挖掘原语用于定义数据挖掘任务。例如，一种原语是用来说明待挖掘的数据来源。通常，用户感兴趣的只是数据库的一个子集。一般情况下发现的许多模式与用户的兴趣无关。此外，说明挖掘什么类型的知识是非常重要的，可以使用元模式或概念分层来实现。知识类型包括概念分层、关联、分类、预测和聚类等。概念分层是一种有用的背景知识，它使原始数据可以在较高的、一般化的抽象层次上进行处理。数据的泛化或上卷可以通过用较高层概念替换较低层的概念实现，以方便用户在较高的抽象层观察数据。泛化的另一个用处是压缩数据，与未压缩的数据相比，其效率更高。

数据挖掘面临着一些问题，如目前的数据挖掘系统基于不同的技术和方法，仅提供孤立的知识发现功能，很难嵌入大型应用。数据挖掘引擎与数据库系统是松散耦合的，没有提供独立于应用的操作原语等。在这种背景下，人们设计了数据挖掘语言。数据挖掘语言由多种数据挖掘原语组成，完成一项数据挖掘任务，常见的数据挖掘语言主要有以下三种：

1.通用数据挖掘语言

通用数据挖掘语言既具有定义模型的功能，又可以作为查询语言与数据挖掘系统通信。2000年Microsoft推出了一种与DMG发布的PMML标准结合的数据挖掘语言OLE DB for Data Mining，为Microsoft应用程序与数据挖掘的集成提供了应用编程接口（API）。OLE DB for Data Mining的规范包括创建原语以及许多重要数据挖掘模型的定义和使用。2000年OLE DB for Data Mining被融入Microsoft数据分析工具Microsoft Analysis Services，为Microsoft SQL Server 2000提供了API，用于数据变换、在线分析处理和数据挖掘。

2.数据挖掘查询语言

在数据挖掘查询语言（DMQL）中，DBMiner系统采用的DMQL语言具有一定的代表性。通过DMQL原语，可以在多个抽象层上挖掘多种类型知识。DMQL中的原语主要包括以下几项内容：

（1）任务相关的数据原语。这一类型的数据原语指向数据库内的某些任务。通常来说，数据挖掘并不是要挖掘整个数据库，而是某个数据集，这一数据集通常与具体业务问题有密切的关系。任务相关数据原语包括使用的数据（仓）

库、过滤数据的要求、相关属性、数据分类的依据等。

（2）知识类型原语。知识类型原语说明数据挖掘的知识类型，在DMQL中把挖掘的知识分为特征化、区分/比较、关联规则、分类模型和聚类等，其中特征化用于描述所挖掘的数据具有的特性，区分把给定目标类对象与其他一个或多个对比类对象进行比较，关联规则用于表示数据集中不同项目之间的关联，分类模型用于从样本集的属性中找出分类特征，而聚类则是对样本集中数据的分组，从而确定每个样本的类别。

（3）背景知识原语。背景知识是涉及挖掘领域的相关知识。在发现知识的过程中，背景知识起到指导作用，也有助于评估发现模式。有一种简单但功能强大的背景知识源于隐藏在DMQL中，也就是上文提到的概念分层。用户使用概念分层就可以实现在多个抽象层次上挖掘数据。一般用树的形式来表示概念分层的结构，也可以表示成偏序或格。在概念分层的帮助下，用户可以从当前数据回归到上层数据或继续向下获取下层数据，采用不同的抽象层视图观察数据，从而发现不同数据之间的内在关系。

（4）兴趣度度量原语。使用任务相关数据可以发掘知识类型和背景知识原语，将要处理的数据集规模控制在合理范围内，大大减少了数据挖掘产生的模式数量。但是数据挖掘过程中难免会产生大量模式，其中很多是用户不需要的，所以要处理好无用的模式。而将用户不感兴趣的模式排除在外，可以采用设定阈值的方式。

（5）知识的可视化和表示原语。要了解数据挖掘系统是否具有有效性，就要看其是否能够用多种容易理解的方式将数据挖掘的知识表示出来，可以采用的方式主要有规则、交叉表、报表、图形、决策树（decision tree）、立方体等。将数据挖掘的结果用形式多样的可视图表示出来，便于用户理解挖掘的模式，与系统交互并为挖掘过程提供指导。

3.数据挖掘建模语言

数据挖掘建模语言是对数据挖掘模型进行描述的语言。这种语言为数据挖掘系统提供了模型定义和描述等方面的标准，而且数据挖掘系统之间可以共享模型。数据挖掘建模语言还可以在其他应用系统中嵌入数据挖掘模型，增强这些应用系统的分析能力。

预言模型标识语言（Predictive Model Markup Language，PMML）是由Data Mining Group于1998年开发的数据挖掘标准，它是一种基于XML的语言，用于描述数据挖掘以及数据建模前需要的数据清理和变换等操作。PMML包括定义属性的数据字典、挖掘模式、数据变换（标准化、离散和值聚集等）字典和模型参数描述等，这种语言为不同的应用程序共享模型提供了一种快速、简单的方式。PMML使用标准的XML解析器解释数据挖掘模型，有助于应用程序判断模型输入和输出的数据类型、模型的格式并且按照标准的数据挖掘术语解释模型。此外，使用PMML在不同的应用程序之间共享预言模型简单方便，如可以把数据挖掘模型通过PMML导入操作型CRM，以便对目标顾客进行预测或者交叉推荐。

（五）基于组件的数据挖掘系统

组件（component）的概念已经广泛地应用于各类软件中。由于组件具有灵活性、可复用和安全等特点，所以数据挖掘系统也逐渐开始采用基于组件的架构。在基于组件的数据挖掘系统框架中，系统通过统一的数据访问接口从多个异构数据源收集数据，经过预处理后利用数据挖掘算法产生知识模型，这些模型都存放在模式库中。此外，这些模型还可作为其他数据挖掘算法的输入。

相对于传统的数据挖掘系统构建方式，基于组件的构建方式更加灵活方便。在相似的数据挖掘情境下，只要对已有的数据挖掘系统调整某些组件就可以适应新的需求，使用组件方便了数据挖掘系统的开发，灵活适应市场环境的变化。目前，为了提高系统的易用性，很多数据挖掘系统都采用了组件方式组合完成整个数据挖掘过程。数据源的选择、数据的探测、数据的预处理、数据建模和评估等步骤都可由不同组件完成。

（六）可视化技术分析

可视化技术源于非IT人员理解、应用IT的需求，它也是一种基本的数据挖掘方法，即可视化数据挖掘，可视化是用图形、图像、动画或表格把隐藏在大量数据中的信息和趋势以相对直观、易于理解的方式表现出来，从而提高决策人员的业务洞察力，可视化使分析人员在视觉上容易理解多维数据中的复杂模式，直观、迅速地揭示数据特征或趋势。因此可视化经常作为数据分析的预处理步骤。例如，散点图可用于检查变量分布情况，确定两个数值变量之间的关系，观察样本数据的类分布、异常点，或把预测值与实际值放到一张图表中进行比较，发现一些趋势。在线分析处理提供可视化数据和汇总统计的功能，可以在不同的数据子集和概念层次上进行数据探测分析，因此在线分析处理可以与多种数据挖掘方法集成，在多维数据库中进行探测式数据挖掘，这种基于在线分析处理的探测式数据分析也叫联机分析挖掘（OLAM或OLAP挖掘）。

传统的可视化方法包括各种统计图表（直方图、饼图、散布图、盒状图、茎叶图和曲面图等）、报表等，多用于低维数据。新兴的可视化技术包括基于几何投影的可视化方法、基于图像的可视化方法和分层技术的可视化方法等，它们的共同特点是可视化表现形式更加丰富，可以应用于高维数据，更加直观并且能够更好地帮助分析人员洞察业务。

目前可视化技术在数据挖掘中也作为展示工具，用作初步的数据探测分析（Data Exploratory Analysis），如选择感兴趣的数据子集，考察变量之间的相关性或关联关系等。有些学者把EDA作为描述性数据挖掘方法。此外，大多数的数据挖掘结果都可以进行可视化表示。

下面再举例说明可视化技术在数据挖掘中的应用。某网络公司为了方便用户了解公司提供的网络服务，采用一个方便、直观的用户界面表示数据挖掘的结果。这样用户就可以看到公司网络的总体情况，如每个局域网的性能情况。而选择某个具体的性能后，可以得到不同形式的数据挖掘结果。

数据挖掘工具能否实现数据探测可视化、挖掘模型可视化、挖掘过程可视化、交互灵活性以及可视化的程度会影响数据挖掘系统是否使用方便以及解释能力强弱。数据挖掘工具的可视化在一定程度上会改善数据挖掘系统的效果。因此，可视化技术得到了主流数据挖掘厂商的重视，当前许多主流的数据挖掘工具应用了可视化技术。

可视化工具还能够动态显示随时间变化的动画，从而揭示事物发展变化的过程。例如，可以在地图上显示人群随着时间的迁移过程，流感等疾病在人群的传播过程，也可以交互式地展示一个企业的成长过程。

可视化技术不仅可以用于对数据挖掘过程的展示，而且也是一种重要的数据挖掘方法。例如，在分类过程中，可以通过可视化的方法显示属性取值分布，帮助用户确定哪些属性可以用于分类，或者选择连续属性最佳的分割点。又如，在k-means聚类算法中，对聚类结果的可视化分析可以帮助用户选择更合理的k值或者发现离群点。在关联规则挖掘中，用户通过可视化方法也可以对挖掘过程进行一定的干预，从而进行有约束的关联规则挖掘。

例如，GeoMiner是由加拿大西蒙菲莎（Simon Fraser）大学计算机学院数据库研究实验室开发的空间数据挖掘软件，其用户界面建立在Map Info的基础上，用户可以动态地操作和观察数据挖掘的结果，并把一种查询语言GMQL（Geo Mining Query Language）作为空间数据挖掘查询语言。GeoMiner包括多个子模块，可以对空间数据进行提取特征、分类、聚类、发现关联规则和预测等多种空间数据挖掘。该系统提供了基本的图形化界面和一定的交互手段，包括高亮度显示特征数据、动态干预挖掘过程以及A动辨认缺失数据等，该原型系统具有高度交互的可视化能力，为用户提供了富有潜力的解释和引导数据挖掘过程的可视化工具。

文本分析中的标签云通过不同的字体颜色、大小和位置表示词汇在文档或用户评论中出现的频率。

（七）数据挖掘技术中的隐私保护

数据挖掘是将数据中隐藏的有价值的知识挖掘出来，在实际应用过程中，许多数据可能包含用户的个人隐私，如注册数据、消费记录、通话记录等，挖掘这些数据会对用户的隐私造成侵害。相关调查研究表明，很多网站用户在提供信息时都有所隐瞒，担心网站会泄露个人信息，侵犯个人隐私权。很多公司在收集数据时，并不确定要挖掘什么样的数据，用户也不知道涉及个人隐私的数据被公司掌握后会如何加以利用。所以，数据挖掘未来研究的重要方向是在数据挖掘的过程中如何保护用户的隐私，防止隐私信息泄露。

比较常用的隐私保护方法有数据预处理法、基于关联规则的方法等。初期阶段，会对数据进行预先处理，也叫数据预处理法，这一过程主要将姓名、证件号等涉及隐私的信息删除，如果某些数据不符合要求，则可以对其修改后再进行转换，这样可以保护隐私信息，对窃取信息的行为起到干扰作用。上述方法都简单易行，但都会对挖掘结果产生影响。基于关联规则的方法首先要挖掘数据集，找到关联规则，关联规则中有些是敏感规则，所以要运用设定好的方法将其与非敏感规则区分开，删除敏感项。基于分类的方法首先要建立一个分类规则，这一规则不会有泄露隐私的风险，将包含隐私的信息和不含隐私的信息区分开。基于分类的方法将每条数据中的敏感字段用其他字段替代，然后再考虑替换对数据集造成的影响，从而在保护隐私安全的同时又能保证数据集的完整性。上述几种方法都可以起到保护隐私的作用，但后面两种方法的扩展性更强、实际效果更好，是比较实用的算法。

此外，还有其他的隐私保护方法。例如，根据不同的安全级别对数据进行分类和限制，仅允许用户访问授权的安全级别或使用加密技术对数据编码。还有一种方法，称为匿名法，它通过泛化数据标识符来防止隐私数据泄露。

隐私保护和隐私攻击竞相发展，这对各种隐私保护方法提出了挑战。近期出现了差分隐私保护的方法，这种方法通过向查询和数据分析结果中掺杂适量的噪声，达到隐私保护的目的。

当然，保护用户的隐私仅仅依靠技术手段是不够的，制定相关的法律法规也是很有必要的。

二、数据挖掘的应用领域

数据挖掘的应用领域相当广泛。数据挖掘不仅在一些传统行业中得到了应用，而且在电子商务等新兴的科技领域也引起了人们的注意。在过去的十几年中，大型商业数据库（特别是数据仓库）的使用和人们需要了解数据之间的内在规律的需求迅速增长，导致数据挖掘广泛地应用于多样化的商业领域。下面简单介绍数据挖掘在一些典型行业的应用：

第一，银行。通过数据挖掘，一方面可以对顾客的信用卡使用模式进行分类，检测信用卡欺诈行为，并按顾客等级和类型建立信贷发放模型，避免顾客出现信贷危机，减少信贷损失；另一方面，根据信用卡的使用模式，可以识别为银行带来较高利润的顾客，进行收益分析。

第二，证券。数据挖掘在金融业的应用还包括从股票交易的历史数据中得到股票交易的规则或规律，或者探测金融政策与金融业行情的相互影响等。

第三，保险。在保险业领域，可以通过历史数据预测何种顾客将会购买什么样的保险，从而推出具有针对性的保险产品，根据顾客的消费特征制订营销计划；可以分析如何对不同行业、不同年龄段、不同层次的顾客确定保险金数额；数据挖掘也可以进行险种关联分析，分析购买了某种保险的顾客是否会同时购买另一种保险，进而促进保险公司的业务。此外，利用数据挖掘还可以分析承保新险种和新顾客的风险，发现高风险市场区域，减少赔偿。

第四，零售。在零售业中，数据挖掘的主要应用之一是分析顾客的购买行为和习惯。例如，"某地区的男性顾客在购买尿布的同时购买啤酒""顾客一般购买了睡袋和背包后，过了一定的时间也会购买野营帐篷"等，这些模式促使零售企业改进营销手段。数据挖掘也可以分析企业销售商品的构成。例如，把商品按照利润的多少分成多个类别，然后分析属于同一类别商品的共同特征。这些知识有助于商品的市场定位、商品的定价等决策。数据挖掘工具还可以用于商品销售预测、商品价格分析和零售点的选择等，如聚类可用于顾客细分，把顾客分成不同的群组进行有针对性的营销。

第五，电信行业。数据挖掘在电信行业主要用于分析顾客的消费记录，确定高收益的产品和顾客分布。通过分析历史记录、竞争和交流渠道数据，对个人呼叫行为特点进行全面分析，设计面向特定顾客群的服务和营销策略，并预测顾客将来的产品需求和服务需求。

第六，科学研究。数据挖掘在科学研究领域也受到了重视。例如，在气象学中，可以对不同的海流情况进行聚类，根据以往的经验判断海流对未来气象的影响。在生物信息领域，数据挖掘还用于基因分析。在疾病治疗中，数据挖掘可以从健康组织、病变组织中分离出基因序列，结合疾病和药物的情况发现一些疾病的致病机理和治疗措施，如运用聚类算法分析遗传数据和基因数据，从而发现具有类似功能或特征的遗传基因组。

三、数据挖掘过程的数据预处理

数据的提取和预处理是数据挖掘过程中最耗时、最费力的工作。数据提取包括理解业务问题、搜集并分析数据源、确定数据的相关性以及使用工具提取数据等。数据挖掘的数据来源包括内部数据源和外部数据源，数据有不同的格式。数据挖掘与其他的分析工具一样，通常要求数据存放在表格或者文件中。如果数据分布在多个数据源中，那么数据整合是有必要的。如果数据存储在关系型数据库中，那么创建一个新表或者新的视图是可行的，在构建这些表或者视图的时候，可能会执行复杂的聚合计算把数据整合成数据挖掘方法所需要的形式。数据预处理除了需要一些统计学、数据分布等知识外，对数据的数理特征的理解也是有必要的。

数据预处理是数据挖掘过程的基础工作，一般占整个数据挖掘过程70%的工作量，数据预处理技术用于数据清理、数据集成、数据变换和数据归约等。数据清理是指删除噪声和不一致的数据。数据集成是把多个数据源的数据合并存储，如数据仓库。数据变换通过规范化的方法改善数据挖掘算法的精度和有效性。数据归约通过删除冗余属性，使用聚集或聚类方法压缩数据。有效地使用这些数据预处理技术能够在不同程度上改善数据挖掘的质量，但也可能损失一些对数据挖掘有用的信息。

（一）数据挖掘过程的数据清理

在现实世界里，很多情况卜数据中都存在不一致、不完整和噪声。通常情况下，从低质量的数据中很难挖掘出有价值的知识，因此这些数据往往不能直接用于数据挖掘。这就需要通过数据清理来修补空缺的值，识别出数据中的孤立点，去除噪声，消除数据中的不一致。为了有效地清理数据，可以利用清理工具维护、控制数据源的质量，避免无用的、过期的、残缺不全的和重复的数据进入系统。下面介绍几种常用的数据清理方法：

1.数据的聚类

通过聚类可以检测孤立点，落在聚类集合外的点被视为孤立点。例如，消除噪声。消除噪声的方法有许多，下面仅以人工检测和回归分析两种方法为例。人工检测是指由专业人员识别孤立点。通过人与计算机的结合，相比单纯手动检查整个数据库，人机结合检测可以提高效率。回归分析是通过回归函数平滑数据，也可以利用一个变量预测另一个变量。当涉及多个变量时，可以使用多元回归。使用回归分析可以找出合适的数学模型，帮助消除噪声。

2.常见的空值处理方法

在数据预处理中，空值也是常见的，有些记录的属性值可能存在空缺。有时可以用人工方法填写遗漏的空值，但这种方法费时费力，并不常被采用。也可以忽略某些类标号缺失的记录，但这种方法可能会遗漏某些重要信息，当空值的百分比很高时，数据挖掘的性能可能就比较差。常见的处理空值的方法包括以下几种：

（1）忽略包含空值的记录或属性。这种方法简单，但当空值比例较高或含空值的属性比较重要时，数据挖掘性能可能较差。

（2）使用一个常量填充遗漏值，把遗漏的属性值用一个常数替换。但空值都用同一个值替换，也会影响挖掘结果的准确性。

（3）使用数值型属性的平均值或与给定记录属同一类（近邻）的所有样本的平均值填充空值也是一种有效的方法，但这种方法在挖掘一些特殊规则时并不适用。

（4）把空值属性看作决策属性，使用已知属性的值预测未知属性，即用数据挖掘（分类）的方法预测空值。

（5）使用最可能的值填充空值，可以用统计分析、贝叶斯方法、相关分析或决策树等方法确定空值最可能的取值（数据挖掘也是数据清理的一种工具）。这种方法的结果最接近原值，但相对比较复杂。例如，借助相关性分析数据相关程度、数据分布规律等特征，由所获得的信息对空值进行修补。

3.数据的冗余和重复

冗余和重复也是在数据集成过程中非常值得注意的问题。数据属性命名或者维命名的不一致都可能导致数据集中的冗余。冗余可以通过上述相关分析来检测。重复是指相同的数据在数据库中存储了多次，这种重复的数据会使数据挖掘的结果产生倾斜，所以需要进行检测。

（二）数据挖掘过程的数据集成

数据集成把来自多个数据库或者平面文件等不同数据源的数据整合成一致的数据存储。在数据集成时，需要考虑实体识别问题。例如，在一个数据库中用学号（student_No）作为学生的标识，而在另一个数据库中学号可能被命名为S_ID。通常使用元数据来避免数据集成中出现的错误。

在实际应用时，来自不同数据源的数据对于同一实体的描述也可能各不相同。这可能是由编码、单位或者比例的不同造成的。例如，相同商品价格在不同国家以不同的货币单位记录，相同大小和质量的商品在不同的数据库中用不同的度量单位表示。这些问题对数据集成来说都是挑战。为了提高数据挖掘的精度和减少数据挖掘使用的时间，对多个数据源的数据进行集成，减少数据集中的冗余和不一致是十分有必要的。

（三）数据挖掘过程的数据变换

数据变换把数据转化成适于挖掘的形式。通过对某些属性按比例进行缩放，使属性取值落在较小的区间。例如，数值型属性可以规范化到[0，1]区间，这种变换对聚类神经网络等算法都是必要的。连续属性离散化也是决策树等分类分析常用的预处理。属性规范化会减少挖掘过程所用的时间，而且规范化可以有效避免较大取值的属性。

对数据挖掘的过度影响。数据变换的常见方法如下：

（1）平滑。平滑可以有效地去掉噪声，常用的方法有分箱（binning）、聚类和回归分析。

（2）聚集。对数据进行汇总，如对某些产品的每周销售额感兴趣，而现有的数据是这些产品每天的销售量，此时就需要把数据汇总。聚集产生较小的数据集，使得分析的数据更稳定，但也应注意可能会丢失有趣的细节。

（3）数据泛化。把任务相关的数据集从较低的概念层抽象到较高的概念层，如在分析顾客属性的年龄分布时，可以把顾客分为年轻人、中年人和老年人等。

（4）标准化（standardization）或规范化（normalization）。如果描述样本或记录的变量单位不统一，数值差别比较大，那么就需要通过把数据归一化、指数化或标准化，把不同的属性进行比例缩放，使它们的值落在大致相同的范围内。这在聚类分析、神经网络等数据挖掘算法的数据预处理中经常用到。

（四）数据挖掘过程的数据归约

数据挖掘时一般需要对数据集进行归约处理。对归约的数据集进行数据挖掘与原数据应该有相同或差不多的效果，但效率更高。常见的数据归约技术包括以下几种：

（1）数据立方体聚集。数据立方体聚集的基础是概念的分层，用于处理数据立方体中的数据，如收集的数据是某公司过去几年中每个季度的数据，而感兴趣的数据是年销售数据，可以通过对数据聚集汇总得到年总销售额。数据立方体聚集为在线分析处理的上钻等操作提供了可以快速访问的汇总数据。

（2）维归约。维归约可以剔除相关性较弱或者冗余的属性，如有些属性可能是由其他属性导出。在实际应用中，数据挖掘只关心部分相关的属性，如进行购物篮分析，顾客的生日和电话号码等并不需要考虑，多余的数据会影响数据挖掘的效率，但遗漏了相关的属性或者选择了错误的属性都会对挖掘结果产生影响。维归约就是从决策分析相关的属性集中选择重要的属性（特征）子集，这需要启发式的算法解决，常用的方法有决策树、粗糙集（rough set）和遗传算法（genetic algorithm）等。其中决策树通过ID3等算法确定，出现在树根与树叶之间的属性形成属性子集。粗糙集也是一种分析不精确、不确定性知识的数学工具，其最大特点是无须提供问题所需处理的数据集合之外的任何先验信息，利用定义在数据集上的等价关系对数据集进行划分，用不同的属性及其组合把数据分成不同的基本类，在这些类的基础上进一步求得最小约简数据集。

维归约还有主成分分析、正交变换、因子分析以及LDA（Latent Dirichlet Allocation）等。

为了减少变量相关带来的影响，可以采用主成分分析（Principal Component Analysis，PCA），基本思想是通过正交变换得到一个较小的变量集。假设待压缩的数据由n个p维向量组成，主成分分析搜索c维正交向量，这里$c \leq p$心把原来的高维向量投影到一个较小的空间，实现数据压缩。这种方法把描述某一事物的多个变量压缩成较少的综合变量，用少数的综合变量代替原始变量，具有信息损失小等特点。

在统计分析中，简化数据集是一个重要的过程。主成分分析（PCA）就是一种降维方法。降维能够减少统计分析的工作量，有效减少分析的维数，减少后续处理的时间。

在实际应用中，需要对众多的影响因素进行分析，但这些因素之间可能并不是独立的，存在较强的相关性。主成分分析通过原有P个变量的线性组合，把数据从原坐标系统转换至新的正交坐标系统中，把原来的维度转换成新的相互独立的维度，每个新的维度能够独立地代表问题的不同方面的性质。主成分分析能够降低数据的维度，并且能够保证数据源对方差贡献最大。这种保留主成分、消除不重要成分的方法能够既保证统计分析的完整性，又减少计算工作量。

主成分分析在多个领域都有重要的应用。在视觉领域中，主成分分析在图像处理、动作分析和人脸识别方面有较重要的应用。主成分分析除了在以上相关领域有着重要应用外，在教育、通信和网络等领域也有重要的应用。

与主成分分析不同,因子分析(又称因素分析)是建立在大量观测数据基础上的降维处理方法,这种方法分析数据的相关关系,然后根据相关性把变量进行分组,同组内的变量相关性比较高,对应不可直接测量的共同因子。可见因子分析不是变量的线性组合,而是变量的分组,从而用少数的几个有业务含义的、相对独立以及可解释的因子(公共因子)代替难以解释的变量(特殊因子),找出其中的规律。

主题模型是文本挖掘领域重要的分析内容,能够挖掘文本背后隐含的信息,其中PLSA(Probabilistic Latent Semantic Analysis)和LDA是很有影响的识别大规模文档集或语料库(corpuS)中潜藏主题的统计方法。LDA作为常用的非监督文档主题生成方法,用来识别大规模文档集或语料库(corpus)中潜藏的主题信息。一篇文档通常包含多个主题,每个主题在文档中的重要性也不一样。LDA可以估计给定文档集合的主题分布和每个主题上的词语概率分布,把一篇文档视为一个词频向量,通常文档到主题服从Dirichlet分布,主题到词语服从多项式分布。LDA实际上将词项空间描述的文档变换到主题空间,由于主题的数量可能少于关键词的数量,因此LDA也是获取文档特征的降维方法。

(3)数据压缩。数据压缩应用数据编码或变换,得到源数据的归约或者压缩表示。数据压缩根据压缩后信息是否丢失可以分有损压缩(数据压缩后信息有丢失)和无损压缩。例如,小波变换(wavelet transformation)是目前比较有效的有损压缩方法。作为一种信号处理技术,小波变换可以在保留数据主要特征的同时过滤数据中的噪声,从而提高数据处理的效率。

(4)数值归约。数值归约通过选择替代的、较小的数据表示形式减少数据,它分为有参数和无参数两种方法。有参数的方法使用一个数学模型拟合数据,而无参数方法包括直方图、聚类和样本抽样等。其中,直方图是一种常用的数值归约形式,它考察数值数据不同分段(等宽或等深)的频率以及数据的大致分布规律。通常,被挖掘的数据有几十万、几百万个记录,对所有数据进行处理,代价很大也没有必要,因此需要对数据进行抽样。有效的抽样要求样本有代表性,使用样本的效果与使用整个数据集的效果差不多。不同的抽样方法对挖掘结果的影响不同。

(5)离散化和概念分层。原始数据可以用区间或者高层的概念替换。离散化是连续值属性归约的常用方法，它可以减少属性的取值个数，决策树等算法是必不可少的步骤，划分区间是连续属性离散的常用方法。此外，连续属性离散化也用于概念分层，允许对多个抽象层上的数据进行挖掘。除决策树外，多层关联分析也可以在不同的概念分层上挖掘关联规则。

四、数据挖掘的聚类分析

在自然科学和社会科学中，存在大量的聚类（clustering）问题。通俗地说，类是指相似对象的集合。聚类分析是数据挖掘中的一种重要方法，在银行、零售和保险等领域都有着广泛的应用。聚类分析既可以作为一个独立的方法透视数据分布，也可以作为其他分析方法的预处理步骤。

（一）聚类的内涵

聚类是把对象或样本的集合分组成为多个簇（类）的过程，使同一个组中的对象具有较高的相似度，而不同类的对象差别较大。相异度是根据描述对象的属性值进行计算的，距离经常采用相异度度量方式。在许多应用场合，可以把一个簇中的对象作为一个整体对待。与分类、回归分析等不同，聚类的每个样本都没有类标号，因此一般是无监督（unsupervised）方法。

在数据挖掘领域，聚类分析已经被广泛应用，其应用领域包括模式识别、图像处理和市场研究（市场细分、客户群细分）等。通过聚类，人们能够识别密集的和稀疏的区域，进而发现全局的分布模式。

（二）基于层次的聚类算法与神经网络

层次聚类（hierarchical clustering）方法把数据组织成若干簇，并形成一个相应的树状图进行聚类。它可以分为两类：自底向上的聚合聚类和自顶向下的分裂聚类。聚合层次聚类采用自底向上的策略，首先把每个对象单独作为一类，然后根据一定的规则。例如，把簇间距离最小的相似簇合并成为越来越大的簇，直到所有样木凝聚成一个大的簇，针对给定应用选择最好结果的聚类层次。与聚合型方法相反，分裂聚类采用自顶向下的方法，先把所有的对象都看成一个簇，然后不断分解直至满足一定的条件。可以看出，层次聚类的一个重要问题是如何评价两个族的相似性。大多数层次聚类方法都属于聚合型方法，它们对噪声、异常数据比较敏感。层次聚类常用的方法有BIRCH和CURE等。

两步（two step）聚类算法也是常用的聚类方法，在IBM SPSS Modeler数据挖掘工具中就有两步聚类建模组件。顾名思义，两步聚类算法由两个阶段组成：第一步是预聚类，把具有较少样本的子聚类视为离群值，生成若干子聚类。第二步是利用分层聚类方法对上述子聚类进行合并，形成大的聚类。用法不同，两步聚类可以确定最佳聚类数：首先基于贝叶斯信息准则（BIC）选择聚类数的上限，然后从聚类数更少的所有聚类模型中找出聚类间最小距离的差异，最终选择距离最大差异的聚类模型，需要注意的是聚类结果与训练数据的顺序有关。

基于划分的聚类和基于层次的聚类还有其他实现方法，如基于网格的聚类、基于模型的聚类以及模糊聚类等，每种方法都有各自的优缺点，适用范围也有限。选择哪种聚类方法，需要综合考虑实际的应用需求、簇的类型与特征、数据的特性、数据质量、数据集的规模（样本个数、样本属性个数）等因素。

1.基于网格的聚类算法

基于网格的聚类方法大多数是基于密度的。这种方法的基本思想是首先把样本的属性值域分成许多区间（如通过离散化处理），这样，数据空间被分为许多网格单元。然后计算落入每个单元的对象数目。在删除密度（单位体积的样本数）小于阈值的单元后，由邻接的高密度单元组成簇。基于网格的聚类方法处理速度比较快，但密度阈值较难确定，对高维数据的聚类效果也不理想。

在一些应用中，样本集在少数属性的子空间存在有趣的簇。clique算法就是一种发现子空间簇的有效方法，这种算法也是基于网格的。CLIQUE算法的基础是如果样本集在k维属性空间是一个满足密度阈值的簇，那么此样本集在任何小于k维的属性子空间中都是满足密度阈值的簇。利用这个性质，可以由高密度的低维单元逐渐生成高维的候选高密度单元，最后把邻接的高密度单元组成簇。

2.基于统计模型的聚类算法

基于统计模型的聚类假定样本集是由某种统计过程产生的，因此找出最佳拟合数据的统计模型及其参数就可以描述数据。特殊的，每个簇都对应一个统计分布，这种统计模型是混合模型，它可以发现不同大小和椭球形状的簇。期望最大化等是常见的使用最大似然估计（maximum likelihood estimation）混合模型参数的算法，它迭代改进模型参数。

3.模糊聚类方法

模糊（fuzzy）聚类并不是把每个样本硬性地划分到一个簇中，尤其是对靠近两个簇边界的对象，而是把簇看成模糊集，样本对于每个簇都有不同的隶属度值。实际应用时，一般把样本指派给具有最高隶属度的簇。模糊c-means是典型的模糊聚类方法。

4.最大期望算法

最大期望算法（expectation maximization，EM），是数据挖掘常用的十大算法之一，常用于计算机视觉等领域的数据聚类，可以从非完整数据集中对参数进行极大似然估计。

EM算法大致步骤如下：首先进行初始化。在缺少先验知识的情况下，通常从均匀分布开始，也可以选随机概率作为起点。在E步骤中计算期望，用最可能的值填补数据中的缺陷，并计算其最大似然估计值。在M步骤中找出E步骤得到的最大似然值的极大值，并计算参数的值。数据集在给定变量估计值后得到了扩充。可以简化为只考虑最优估计，但更精确的方法是根据概率的不同对所有可能的估计进行加权。在M步骤上找到的参数估计值被用于下一次E步骤计算中，上述过程不断交替，直至收敛。

神经网络也有一些算法可用于聚类，如Kohonen神经网络，又称为自组织映射网络（SOM）等。Kohonen神经网络是一种前馈型无监督学习网络，能够根据样本的特征自动聚类。例如，Kohonen神经网络的拓扑结构由输入层和输出层组成，其中输入层的每个节点与输出层的所有节点相连，每个连接对应一个权值（组成权向量），输出层的每个神经元与同层临近的若干神经元相连。输入层的主要功能是计算样本输入向量与权向量之间的距离，输出层的功能则是计算这两个向量之间的距离，确定样本与输出神经元的匹配程度，距离最小的输出层神经元获胜。

在Kohonen神经网络的运行过程中，匹配竞争胜出的神经元及其邻近的神经元与相应输入层神经元之间的权向量朝着样本输入（特征）向量方向更新，如此经过多次迭代，这些权向量就可以对样本进行自动聚类，完成自组织学习（映射）过程。

（三）离群点检测

离群点（outlier）也称为异常，是指数据集中显著与众不同的对象，表现为至少某个或者某些属性是异常的。这些对象不是随机的偏差引起的，而是来源于不同的类，让人怀疑它们产生于不同的机制。离群点与数据测量、数据收集误差导致的噪声不同，它们通常是有趣的。相应地，离群点检测的目的在于找出隐含在海量数据中相对稀疏而孤立的异常数据模式。在数据挖掘的早期，对数据集进行预处理时，通常把离群点当作噪声处理，以减少它们对数据挖掘质量的影响。然而离群点检测有时比正常数据的挖掘更有价值，离群点可能意味着十分有用的模式。在一些应用领域中，如网络入侵检测、顾客流失分析、银行的信用卡欺诈、移动话费拖欠以及医学中特殊病情的征兆分析等，离群点检测具有一定的商业价值。常见的离群点检测算法包括以下几种：

（1）基于统计的离群点检测。统计方法是较早的离群点检测方法。这种方法为数据集构建一个概率统计模型，如常见的正态、泊松、二项式分布或者非标准分布，其中的参数由数据求得。然后根据对象拟合该模型的情况评价它是否异常。一般而言，基于对小概率事件实现对象异常的鉴别，通过不一致检验把那些严重偏离分布曲线的对象视为离群点。

（2）基于距离的离群点检测。基于距离的离群点检测，也称为基于近邻的离群点检测，其基本概念是把对象视为多维空间的点，离群点是那些数据集中与大多数对象之间的距离大于某个阈值的点，即远离大部分对象的点。基于距离的离群点检测方法与基于统计的离群点检测方法相比，不需要用户拥有任何领域的专业知识。但这种方法计算复杂度比较高，不适合处理大型数据集。

（3）基于密度的离群点检测。基于密度的离群点检测方法的主要思想是低密度区域中的对象是离群点。这种离群点检测方法需要计算对象近邻的距离，一个对象近邻的密度可以定义为该对象某邻域内点的个数或者对象k个近邻的平均距离的倒数。在某种意义上可以说，基于密度的方法是基于距离的方法的特例。这种离群点检测方法能够发现基于距离的离群点方法所不能识别的一类异常，即局部异常。如果离群点位于不同密度的区域，那么就需要对密度定义进行调整。基于密度的离群点检测方法的复杂度也比较高。

此外，还可以使用分类和聚类检测离群点。把正常对象和异常对象看作不同的类，如果有充分的训练数据集，就可以挖掘异常对象的分类模型。对于不属于任何簇的对象，也可以应用聚类检测异常。

五、数据挖掘的分类分析

分类也是数据挖掘的主要方法。分类要解决的问题是利用训练样本集获得分类函数或分类模型（分类器）。分类模型能很好地拟合训练样本集中属性集与类别之间的关系，也可以预测一个新样本属于哪一类。分类和回归都属于预测建模：分类用于预测可分类属性或变量，而回归用于预测连续的属性取值（有些书籍认为对分类型属性进行预测，对连续型属性进行估计，这里不加严格区分）。

下面简要介绍贝叶斯分类器、决策树、支持向量机和BP神经网络等分类算法，这些算法都是常用的有监督分类方法。

（一）贝叶斯分类器算法

在实际应用中，样本的属性集与类别的关系一般是不确定的，但可能存在一种概率关系。贝叶斯分类器是一种基于统计概率的分类器，通过比较样本属于不同类别的概率大小对其进行分类。这里介绍一种样本的属性集与类别的概率关系建模方法——贝叶斯（Bayes）定理及其常用的实现方法：朴素贝叶斯分类器。贝叶斯定理是由英国数学家托马斯·贝叶斯（Tomas Bayes）提出的，它是一种把先验知识与样本中得到的新信息相结合的统计方法，在分类中得到了比较广泛的应用。

（二）决策树算法

决策树是由决策节点、分支和叶子组成的。其中每个内部节点都表示在一个属性上的测试，每个分支代表一个测试输出，而每个叶节点代表类，树的最顶层节点是根节点。沿决策树从上到下遍历的过程中，在每个节点都会遇到一个测试，每个节点上的测试输出导致不同的分支，最后到达一个叶子节点，这个过程就是利用决策树进行分类的过程。决策树可转化为一些分类规则，具有较好的解释性，从树根到树叶的每条路径都对应一个规则，如最左边的路径对应的规则为：如果年龄＜30岁而且家庭经济情况一般，那么这种顾客不购买跑步机。因为决策树算法属于归纳学习，所以从训练集得到的决策树并不能完全拟合所有训练样本，最终得到的分类规则置信度一般小于1。这里的置信度表示决策树的分类正确率。

为了便于分析，决策树算法的输入一般整理成决策表（decision table）的形式。决策表的每行是一个样本（实例），每个样本用若干个属性（变量）描述。这些属性分为条件属性和决策属性，其中条件属性用于描述实例，重要的条件属性可能成为决策树的分支属性，而决策属性标明每个样本的类别（可通过聚类确定）。决策树可用于与决策属性相关的重要属性分析。

（三）支持向量机算法

支持向量机（Support Vector Machine，SVM）具有坚实的统计学理论基础，它在解决非线性、高维模式识别问题等领域表现出许多优势，可有效处理线性和非线性可分的分类问题。目前，支持向量机已在人脸识别、文字识别、图像处理和时间序列预测等领域获得了比较广泛的应用。

支持向量机是从线性可分情况下的最优分类发展而来的，其基本思想可用两类线性可分问题来说明。假如两类样本是线性可分的，则可以找到一个超平面，该超平面可以把训练样本分为两类：一类样本位于超平面的上方，另一类样本位于超平面的下方。可能存在无穷个这样的超平面，最优超平面不仅能把两类训练样本正确分开，而且使分类间隔最大。具有最大分类间隔的超平面在对测试样本进行分类时比具有较小分类间隔的超平面具有更好的泛化能力。所谓分类间隔是离最优超平面最近的样本且平行于最优超平面的两个超平面中的虚线H_1和H_2之间的距离d。

（四）BP神经网络算法

神经网络最初来自通过计算机模型模仿人类智能的实践。1943年，神经生理学家麦卡洛克（McCulloch）和逻辑学家皮茨（Pitts）设计了神经活动的逻辑运算模型，以解释生物神经元的工作机理，为人工神经网络的研究奠定了理论基础。在20世纪50年代，计算机科学家在McCulloch和Pitts工作的基础上，提出了感知器（perceptron）的模型，可解决手推车上的扫帚平衡等简单问题。1969年Minsky等学者指出感知器仅能解决线性划分，而对于非线性问题会遇到很大困难。为解决感知器非线性可分类问题，1986年美国的一个并行计算研究小组提出了著名的反向传播（Back Propagation，BP）算法，引发了神经网络的研究热点。此后有关神经网络的研究逐渐从实验室转向商用。目前，神经网络经常用于分类和聚类，作为一种重要的数据挖掘方法它已在医学诊断、信用卡欺诈识别、手写体数字识别以及发动机的故障诊断等领域得到了广泛的应用。

神经网络是由许多人工神经元通过一定的互联方式组成的。这些神经元的结构比较简单,但它们复杂的连接(拓扑结构)会形成功能很强的网络。

神经网络有多种拓扑结构,在分类中比较常用的是多层、前馈(feed-forward)和全连接的BP神经网络。这种网络包括输入层、隐层和输出层,其中输入层的神经元数量取决于影响分类的属性个数和类型。隐层及其神经元的数量没有通用的规则确定,需要借助经验并通过实验比较才能设置合适的值。在很多情况下,取一层隐层即可满足要求。尽管较多的隐层神经元可以增强网络获取分类模式的能力,但也会带来过拟合问题。输出层可以有一个或多个神经元,取决于具体的分类任务。

输出层神经元的输入和输出与隐层神经元的情况类似。隐层和输出层的非线性激活关系使神经网络可以近似任何函数。

BP神经网络用于分类或预测前需要一个费时的训练过程,通过不断调整网络权值(甚至网络结构),使网络能获取训练样本的模式。这个过程的主要步骤如下:

(1)分析业务问题,确定网络的输入和输出。BP神经网络比较适合输入和输出都是数值型的分类问题,也可处理输入或输出为可分类型的数据。每一个数值型输入对应一个输入神经元,而对于分类型变量,如果有m种取值,则需要用m-1输入神经元。至于输出神经元,如果是2-分类问题,则需要一个输出神经元。如果是4-分类问题需要两个输出节点,8-分类问题需要三个输出神经元,以此类推,这样可以减少神经网络输出层的神经元数目。

输入的选择是十分重要的,太多的输入会增加网络的复杂性,使网络训练的时间过长,同时也增加了过拟合的危险。解决的方法是利用决策树等方法分析对输出有重要影响的属性作为网络输入,也可以利用神经网络的灵敏度进行分析,保留对输出有较大影响的输入。

(2)选择训练样本集,对其输入值和输出值进行预处理。神经网络比较适合处理连续型属性,为方便训练,可以用前面提到的标准化方法使其落在0~1之间。在网络训练后用于预测的时候,网络的输出要转换回原来范围的值。而对于可分类或其他类型的数据，预处理比较麻烦。此外，训练样本集也要足够大，足以覆盖每个输入的有效范围。

（3）依靠经验确定网络的拓扑结构，并对神经元的权值和偏置进行初始化。网络拓扑结构设计没有明确的指导规则，通常用不同的网络拓扑或使用不同的初始权值，重复训练过程（这种方法也能够减少网络训练陷入局部极小的机会），比较才能确定。

（4）利用反向传播等算法训练网络，不断调整网络权值减少预测误差，获得网络的最佳权。

（5）用测试集检验网络的分类或预测质量。

（6）预测未知样本的分类。

神经网络具有并行性、分布存储、容错性和学习能力等优点，但其从训练样本中挖掘出的模式却表现在网络的权和偏置上，这种知识很难被人理解，因此有学者研究用网络提取规则的方法来提高神经网络的可解释性。

六、数据挖掘的关联分析

关联分析是数据挖掘的一个重要方法，最近几年已被业界广泛关注。关联是指在两个或者多个变量之间存在某种规律性，但关联并不一定意味着因果关系。关联规则是寻找在同一事件中出现的不同项目的相关性，关联分析是挖掘关联规则的过程。早期关联分析用于分析零售企业顾客的购物行为模式，所以关联分析又被称为购物篮分析。关联规则也可用于商品货架布置、销售配货、存货安排、购物路线设计、商品陈列设计、交叉销售以及根据购买模式对用户进行分类等方面。

关联规则也广泛应用于其他各个领域，如信用卡公司、银行和股票交易所可以通过关联规则识别欺诈行为，通信行业可以通过关联规则确定顾客的主要来源。此外，关联规则在医学领域也有应用。

第一，约束性关联规则挖掘算法。从数据集中挖掘关联规则，有三个主要步骤，用户先选定数据源，接着选择挖掘算法，最后回到关联规则。这一过程用户是完全自主的，没有监督，因此可能会有一些规则是多余的，影响最终的效果，除此之外，某些关联规则比较独特，容易引起用户的关注，单一的阈值并不能满足用户的需求，所以用户对最终的结果可能也不满意。而约束性关联规则挖掘算法有一定的约束条件，在约束条件的基础上，从众多的频繁项集中选出有用的规则，从而提高算法的效率，满足用户的需求。

第二，增量式关联规则挖掘算法。很多数据集在实际应用过程中保持持续增长的同时状态，而产生新的数据后对其重新挖掘往往要耗费大量的时间。所以，要注意更新已发现的关联规则。一些学者通过研究如何提高关联规则的更新效率提出了增量式关联规则挖掘算法。当交易数据库变化后，增量式的挖掘方法能够在原有基础上产生新的关联规则，剔除落后的规则。增量关联规则更新算法不断创新发展，衍生出各种类型，这些算法充分利用原有的发掘结果，继而发现新的关联规则。

Carma算法也是一种比较常用的关联分析算法，具有占用内存少、允许在算法执行过程中按需要重新设置支持度以及只需要对数据集少数几次扫描就可以得到关联规则集等优点。Carma算法也包括寻找频繁项集、在频繁项集的基础上产生关联规则两个阶段。在寻找频繁项集阶段，动态调整最小支持度产生候选频繁项集，然后对候选频繁项集进行删减得到最终的频繁项集。在计算频繁项集的过程中，新数据的读入只对已有的数据做局部调整，而不是对整个数据库重新扫描，因此Carma算法的执行效率较高。

第三，多层关联规则挖掘。目前大多数研究者重点关注的是单层关联规则挖掘算法。因为多维数据空间数据比较稀疏，所以低层的数据项之间难以找到强关联规则。而在较高概念层发现的强关联规则有较高的应用价值。

下面介绍几种多层关联规则挖掘算法：一种是采用了认定自定义不同层最小支持度方式的多层关联挖掘算法。例如，交易数据库中某种食品的支持度可能不达标，但在较高层的概念中，支持度却很高，还可以满足最小支持度。再如，"果汁，花生"支持度和"饮料，干果"的支持度相比是比较小的，但前者无法形成一条强关联规则，而后者可以，且用户可能感兴趣。此时，就可以用不同的最小支持度阈值来定义不同的层次。还有一种是基于遗传算法的多层次关联挖掘算法，它利用不同层次的先验知识，阈值自定义的方法是启发式的，弥补了第一种算法的不足，压缩的算法层数，且不需要人工定义阈值，更加规范化。

七、数据挖掘的序列模式挖掘

序列（sequence）模式挖掘也称为序列分析，由阿格拉瓦尔（Agrawal）在1995年提出。序列模式挖掘是从序列数据库中发现事件之间在时序上的规律。序列模式挖掘是关联规则挖掘的推广，挖掘序列数据库中项集间的时序关联。最初在带有交易时间属性的交易数据库中发现频繁项目序列，以发现一个时间段内顾客的购买行为规律。例如，购买氧气瓶的顾客一年内回来充气多少次？序列模式挖掘应用领域包括顾客购买行为模式预测、Web访问模式预测、疾病诊断、自然灾害预测和DNA序列分析等。再如，Fingerhut公司通过序列分析发现，那些改变住所的顾客在搬家后12周内购买力增加3倍，其中前4周尤为明显。

八、数据挖掘的回归分析

在数据挖掘中经常要分析变量之间的关系。回归分析（regression analysis）是一种基本的统计分析方法，它已被广泛地应用于数据挖掘领域。在现实应用中，变量之间存在某种关系，这些变量之间的关系一般可以分为两类：一类是变量之间存在完全确定的关系，即一个变量能被其他变量确定；另一类是变量之间存在某种程度的不确定关系，统计学把这种不确定关系称为相关关系。例如，制造企业产品质量与各个生产因素之间存在一定的关系，可以分析这些关系以做出预测或确定最佳的作业条件。确定性关系和相关关系之间没有严格的界限。一方面，由于测量误差等原因，确定性关系可以通过相关关系表现；另一方面，通过对事物内部发展规律的深刻认识，相关关系又可能转化为确定性关系。两个变量之间的相关关系是不确定的，但可以通过不断观察，得到它们之间的统计规律。分析一个变量与其他一个（或几个）变量之间的相关关系的统计方法就称为回归分析。常见的回归分析包括线性回归、多元回归、非线性回归、广义线性回归（对数回归、泊松回归）等。回归分析的主要内容包括确定连续值变量之间的相关关系，建立回归模型，检验变量之间的相关程度，应用回归模型对变量进行预测等。

根据回归分析涉及的自变量个数，可把回归分析分为一元回归分析和多元回归分析。而按照自变量和因变量之间的关系类型，回归分析可分为线性回归分析和非线性回归分析。一般来说，回归分析的步骤如下：

第一，确定因变量和影响因素（自变量）。

第二，绘制散点图，观察变量的大致关系。

第三，求回归系数，并建立回归模型。这一步试图比较真实数据与回归模型输出之间的误差来探索变量之间的关系。

第四，检验回归模型。

第五，进行预测。

九、数据挖掘的时间序列分析

时间序列（time series）是指由在不同时间上的观察值或事件组成的序列。时序数据库则是一种有时间标记的序列数据库。现实中这些时间序列数据都是通过数据收集工具自动获取的，数据量非常大。时间序列数据是包含时间属性的序列数据的一种特殊形式，与Web访问序列可能不同，股票涨停序列是时间序列数据。

时间序列分析的基础是惯性原则，即在一定条件下，被预测事物的过去变化趋势会延续到未来。时间序列分析运用统计分析和数据挖掘技术从时间序列数据库中找到系统的发展趋势等，有助于对系统的分析或者系统变化预测，如利用某地区近几年月平均降雨量对未来的月降雨量进行预测。此外，时间序列分析还可以发现突变以及离群点。其主要的应用包括股票市场分析、销售预测、自然灾害预测、过程与质量控制等。

（一）时间序列分析的主要方法

时间序列分析方法包括确定型的时间序列分析方法和随机型的时间序列分析方法两种。确定型的时间序列可以用一个确定的时间函数Y=F（t）来拟合。

一般地，时间序列分析主要包括两个方面：时间序列建模和时间序列预测。前者用于分析产生时间序列的机制，后者用于预测时间序列变量的未来值。时间序列数据的变化特征可以分为以下几类，时间序列通常是由以下几种基本运动合成的。

（1）趋势。趋势指的是某种上升或下降的整体方向，是序列在经过较长时间才能显现出来的状态。一般常用加权移动平均法和最小二乘法来确定趋势。

（2）周期运动。周期运动是时间序列的周期性变动，它围绕长期趋势，呈波浪形。

（3）季节性变化。季节性变化是时间序列的周期运动，时间跨度为一年，且重复出现。这里的季节并不是指一年四季中的某个具体季节，而是用来表示周期性变化。

（4）不规则运动。不规则运动是时间序列的变动，其引起因素是各种突发事件或偶然事件，如自然灾害。

（二）时间序列分析的相似性搜索

在时间序列数据库中，相似性搜索是指在允许微小差别的条件下，寻找与给定查询序列相似的数据序列。相似性搜索在诸如股票市场分析和心电图分析中相当有用。子序列匹配和全序列匹配是相似性搜索的两种类型。其中，子序列匹配在应用中更加常见。

在进行时间序列分析时，首先需要使用数据归约，尤其是维归约技术以缩小时间序列数据的存储空间，加快处理速度。这些技术主要包括离散傅立叶变换（DFT）、离散小波变换（DWT）和基于主成分分析的奇异值分解（SVD）等。时间序列数据经过数据归约和变换后，可以使用一些索引方法来提高相似性查询的速度。在进行相似性分析，尤其是子序列匹配时，需要考虑两个子序列数据集之间的距离。距离越小，则两个序列越相似。匹配过程中需要对两个子序列进行调整，处理两者的间隙、偏移量和振幅等差别，然后就可能找到相似序列。

（三）时间序列分析需要注意的问题

时间序列分析存在以下问题：一是其分析有一个前提，就是预先假定事物过去是如何变化的，这会对未来产生影响。但是事物的变化和发展过程并不是持续不变的，中途可能会发生变化。所以在使用这一方法时要充分考虑事物未来的发展规律，尤其是随着时间的变化可能产生的新特点。二是时间序列分析在预测时过分注重时间因素，却没有关注到外界的因素，所以难免在预测过程中出现偏差。外界因素变化将会直接影响到预测结果。所以时间序列分析预测中短期效果较好。

十、数据挖掘技术的发展方向

考虑数据朝向大规模、类型多样、分布异构以及产生速度快等方向发展，对数据挖掘算法的性能将有更高的要求。数据挖掘的应用领域也越来越广泛，成功的案例也越来越多。

第一，模式挖掘。模式挖掘（pattern mining）在最近的很多年里一直是数据挖掘的热点之一，包含丰富多样的内容，主要有频繁模式挖掘、结构模式挖掘、关联规则挖掘等，现在也在运用许多不同类型的高效算法。总的来说，算法要挖掘的模式变得更长，也更复杂，如生物数据数量多且维度高，对其进行处理时不能使用传统算法。目前已经开始着手研究更高效的算法，从而更好地解决长且复杂模式的挖掘问题，模式挖掘通常会采用许多辅助方法，这样可以提高挖掘效率，使之更加精准。

第二，信息网络分析。信息网络包括社会网络、生物网络和恐怖组织网络等，总的来说，信息网络的研究还是一个新领域。在信息网络挖掘中的一个方向是把信息网络看作一个图，用图挖掘的方法来研究信息网络。从图论的角度来看，基于图的很多聚类、分类和索引技术有助于对信息网络的分析。同时，信息网络存在大量的节点与链接，对信息网络的深入研究也是很有必要的。社会网络分析（Social Network Analysis）作为信息网络分析的一个重要分支，在最近几年得到广泛关注，它在社会舆情分析、自然灾害监测、股价预测等领域都有成功的应用。

第三，流数据挖掘。流数据是大量流入系统、不断变化的多维数据，这些数据很难存储于传统的数据库中。由于流数据的速度快、规模大等特点，必须使用单遍扫描、联机和多维方法对流数据进行挖掘，目前针对流数据的聚类、分类和异常分析等已经进行了很多工作。流数据的应用很多，如网络的异常监控、网络路由、传感网络、股票分析、社交网站的分析等，如何提高流数据分析的精度和实时性，扩大流数据挖掘的应用范围是未来研究的重点。

第四，针对移动数据和RFID数据的挖掘。在现代社会，传感器网络、手机、各种移动设备和无线射频识别（Radio Frequency Idenfication，RFID）等技术的运用越来越广泛，所以每天产生的移动数据量相当庞大，移动数据维度多，包括时间、速度、位置等关键信息。数据挖掘的研究热点就是将这些移动数据储存在数据库中，并从中挖掘有价值的知识，如根据手机定位推荐商业信息，或通过城市交通流量相关数据推荐出行路线，对气象数据进行分析，从而为风力发电站选址提供参考，还可以通过摄像头防止非法入侵。在产品生产、海关和商品零售等领域，RFID有非常高的应用价值，在数据挖掘方法的帮助下，它能够监督生产和销售的全过程，并对产生的数据进行深入分析，让企业从中获利。

第五，时空和多媒体数据挖掘。现实生活中有很多关于时间和空间的数据，如定位导航和位置搜索、天气预报等，人们在交流时也喜欢使用图片、视频等多媒体方式，挖掘多媒体数据也可以获取丰富的知识。目前，已经有很多人开始研究时空数据和多媒体数据挖掘。但是现阶段对时间、空间和多媒体数据的挖掘还不够，要达到实际应用的要求还有一段距离，尤其是对于多维的、复杂的以及需要大量计算的数据，挖掘结果还不够准确。

第六，生物信息挖掘。生命科学领域会产生大量的数据，包括生物数据集成、基因序列、生物网络和生物图像等，生物信息挖掘已成为一个活跃的领域。目前，很多研究者都建立了生物信息数据库，来解决生物信息多而杂乱的问题，在生物信息数据库的基础上可以方便地进行更加复杂的数据分析。例如，利用序列分析生物基因密码，使用聚类分析方法对住院患病人群进行分类，利用时序分析进行流感疫情预测，采用关联分析进行患者并发症分析等。

第七，文本挖掘和Web挖掘。自Web出现以后，Web替代了传统媒体，成为目前最流行、使用最广泛、信息量最大的信息平台，针对Web的内容挖掘、结构挖掘和使用挖掘已经有了相当大的进展。随着Web2.0的发展，在Web挖掘中增加了动态内容挖掘和个性化信息挖掘的要求，促进了Web挖掘进一步的发展。文本挖掘是数据挖掘中研究比较早的一个领域，文本挖掘的方法也可以应用于半结构化和非结构化数据中，如数字图书馆或生物数据。Web挖掘和文本挖掘是数据挖掘中发展很快的一个领域，基于语义分析或适应个性化需求的挖掘方法是未来研究的热点。

第八，软件工程和系统分析中的数据挖掘。运用软件就会产生大量的数据，这些数据都有一定的利用价值，可以用来提高系统运行效率，这也是未来研究的方向之一。例如，使用工作流挖掘的方法能够发现工作流系统中的异常情况，保证系统性能稳定。根据收集和分析数据的实时性可以将这类数据挖掘分为动态挖掘和静态挖掘。但此领域还有待未来进一步研究。

第九，面向数据立方体的多维OLAP挖掘。以数据库为基础的数据立方体计算和OLAP分析的分析能力更强，能够处理多维度和数量大的数据集。从不同维度分析时，可以使用传统的数据立方体，现在也出现了很多新型复杂的数据立方体，将OLAP和数据挖掘相结合。

此外，大数据时代产生的海量数据对传统数据挖掘算法提出了挑战，实时性需求迫在眉睫。而实时性对推荐系统、营销分析等应用是非常重要的。目前比较流行的方法是使用云计算等分布式计算平台，采用Map/Reduce技术把计算任务分解计算后进行汇总，同时利用并行计算提高数据挖掘算法的效率。实时性数据挖掘在社交网络分析、网络安全监测、社会网络情感分析等方面有广泛的应用前景。

第三章 商务智能的实施流程及规则

第一节 商务智能实施的要素分析

一、商务智能实施的用户与中心

（一）商务智能实施的用户

商务智能用户的范围很广，涉及许多方面，也有不同的划分方法。在此采用Giga Information Group的划分方法将用户分为五个级别，其中第一个级别为企业级，其后级别的用户都需要在掌握前一个级别的信息技术知识的基础上增加一些新的知识，需要信息技术知识最多的是信息技术人员。企业级用户是纯粹的"信息使用者"，信息技术人员是纯粹的"信息生产者"。介于两者之间的用户既是信息生产者也是信息使用者，其职能和使用的工具如下：

（1）企业级用户。这些用户只具有大众程度的信息使用经验与技术，他们只需看懂图形和报表以及掌握网页浏览等简单的应用。他们不产生信息的内容。

（2）初级用户。这一级别的用户有能力也有兴趣处理信息，可以处理复杂的报表来获取细节，过滤信息和排序，找出原因和结果，发现发展趋势，还可以用一些软件生成属于自己的可用信息。

（3）商务用户。这一级别的用户通常使用电子表格软件来分析和操纵数据，根据特殊的要求来查询和生成报表，他们既为自己也为别人产生可用的信息。

（4）高级用户。这一级别的用户能够使用复杂的分析软件来理解复杂的数据结构，他们通常生成一些分析结果，并将这些信息传递给他人。

（5）信息技术用户。信息技术人员通常只编写应用软件给其他的用户使用。他们可以编写程序代码，操控任意结构和复杂程度的数据源。这种用户分类方法有助于了解商务智能实施过程中的分析和设计，对企业设计自己的商务智能信息中心也有一定的帮助。通过这种分析可以了解如何处理信息以及信息的表现形式。

（二）商务智能实施的中心

商务智能的成功实施需要信息技术人员和商务用户的共同努力，其中的问题比较复杂。这也是企业开始重视商务智能的实施并且建立商务智能中心的原因。

商务智能中心的高层负责安排人员、处理过程、技术以及数据，服务于其他级别用户的应用。因此，商务智能中心也是推广信息应用和知识共享的中心。商务智能的实施一般是与软件供应商合作，来做技术转移、展示和员工培训。商务智能中心起到了非常关键的桥梁作用。目前许多的商务智能中心存在于信息技术组织中，要有一套适合用户使用的模型，由商务分析师和专家来理解商务需求，建立并推广标准框架和用于开发商务智能应用的标准，选择商务智能平台，并提供合适的人力资源。商务智能中心中包含分析师、设计师、项目管理者、开发人员，其目的是方便和简化商务智能的应用。

二、商务智能实施的自顶向下分析

商务智能投资过程中将技术投资与商业需求相结合是非常重要的。这种分析一般都采用ROI（Return On Investment，投资回报率）的分析方法。但是商务智能的复杂性和目标多样性决定了ROI方法无法对组织的内外兼顾。总体来讲，商务智能的分析应该是自顶向下的。商务智能带来的益处表现在以下几个方面：①通过商务智能平台和标准化工具来降低基础设施的成本。②通过商务智能的自服务应用来降低操作成本。③提高商务活动的效率。④可视化关键商务指标。⑤增加企业获得收益的机会。

从商务目标到技术实现是非常关键的。自顶向下，将企业的目标逐层分解，从商业目标、战略级、战术级到具体的度量级别。

这种分析方法既可以为商务智能提供具体的解决方案，也可以为ROI分析提供计算依据。四个级别的分析如下：

商业目标：从企业发展的角度，为什么要采用该解决方案？

战略级：为实现此目标，需要做什么？

战术级：如何实施这一战略？

度量级别：实施战略后，将获得什么样的回报？如何进行度量？

采用这种方法，可以逐步分解以获得比较具体的操作方案。比如，商业目标是节约操作成本，那么可分解为两个战略，自服务报表程序开发和继承工具平台的支持。其中，自服务报表程序开发的实施是以终端用户工具和Web服务、用户培训为基础的。通过对战术级的实施度量加以定义和量化，可以得出ROI计算的基础。因此，与节约操作成本有关的因素有呼叫数目的降低、产生和传递报表的成本降低、错误数的下降等。

三、商务智能实施的技术要素分析

商务智能的实施过程中有许多技术要素，下面是关于商务智能实施中的关键技术的讨论：

（一）商务智能实施的数据集成技术

商务智能数据集成技术属于企业数据集成。各种形式的商务智能数据集成都是先从企业的各种数据源中获取数据，通过数据集成和数据准备使商务智能应用成为可能。数据集成技术有以下三种：

（1）数据合并。数据合并（data consolidation）是物理地集成数据。从多种数据源中抽取数据以形成商务智能的数据仓库，在这个过程中要清洗数据、进行数据格式的处理。

（2）数据联合。数据联合（data federation）是虚拟地集成数据。虚拟的数据联合是将数据留在原来的数据库中，在需要时直接存取。

（3）数据传播。数据传播（data propagation）是在系统间复制数据。从一个或多个源系统中复制数据到一个或多个目标系统中。数据传播在系统间的数据复制是针对事件和变化的，所以目标系统需要数据更新捕获技术来捕获源数据的变化，比如数据库复制或者触发器，将其复制到商务智能的操作数据存储系统或者数据仓库中,用于分析订单的状态和出现频率。数据传播既可以是同步的(在交易发生的时间内),也可以是异步的[计划的或者是事件驱动(准同步)的]。

(二)商务智能实施的平台建设步骤

成功的商务智能平台是基于综合性的数据集成的。除了物理的数据集成和虚拟的数据集成外,商务智能平台还需要一个传递部件来连接集成的数据和商务智能用户以及商务智能过程。这些部件必须具有可靠性、高性能和可扩展性。开发一个商务智能平台必须理解商务过程,明晰数据集成需求和限制,而且必须确定哪一种集成工具是合适的。一般包括以下几个步骤:

(1)评估现有资源。评估组织现有的商务智能水平、数据挖掘、技术水平、实施能力。通过评估衡量企业的商务智能实施是否有充足的准备以及企业实施和推行商务智能的速度。

(2)发现机会。分析商务过程以寻找可以缩短决策周期的机会。

(3)评估数据更新需求。确定数据源和每种数据的期望更新周期。商务智能数据库的更新频率(除实时存取)依赖于企业的商务价值、成本、数据量、必要更新事件以及其他参数。有时候,数据更新需求受到源系统应用的限制。

(4)理解数据集成需求和数据质量需求。确定哪些功能应该包括在数据集成过程中:数据描绘、验证、调制、提取、清洗、转换、集成、传递、加载等。数据清洗和转换可能会因为源数据的质量问题而变得非常复杂,必须确保源系统的数据质量,可以建立一个企业级的数据规划。

(5)设计集成方案。集成过程中必须选择合适的技术。每一种技术都有其优、劣侧面和使用环境。

(6)数据更新周期。组织为了实现商务智能的效益就要缩短数据更新周期,从作业系统向数据仓库的数据移动通常每天超过一次,或者是连续更新。传统的商务智能采用每天晚上用ETL技术来更新数据仓库的方法,目前这种更新已被随时随处少量的连续更新技术取代。但是,更新得越频繁,数据清洗和转换的时间就相对缩短,这就必须采用高速的数据集成方案。

(7)数据细节的获取。这是数据粒度方面的要求。企业决策需要汇总数据,但是在很多情况下,汇总数据不能支持相关决策。所以关键是确定好每一种需求的信息粒度。

第二节 商务智能实施的一般过程

一、商务智能实施的特征与前提

（一）商务智能实施的基本特征

（1）商务智能实施的商务模型与问题驱动。商务智能实施与其他的商务应用不同，因为商务智能本身是建立在企业原有的作业系统之上的。商务智能的实施是为了实现企业的商业目标，所以应该针对企业的关键商业问题来实施。所有的商务智能实施都围绕一个或多个商业问题，根据商业问题，确定数据源，提出相应的解决方案。如果根据现有的数据来实施商务智能，采取的行动只能是盲目的。

（2）商务智能实施的阶段性和层次性。为了实现商业目标，在确定了要解决的关键商务问题之后，商务智能的实施应该分阶段来完成。考虑到商业利益的需求和实现的成本，应该分清楚哪些问题可以解决且能够带来较高的商业价值，那么就先实施这一部分。先解决一部分问题，随着企业的发展、技术的进步，再逐步实现其他部分。

商务智能的实施是在原有系统的基础上实现的，这就带来了实施的层次性问题。现有的应用可能涵盖许多层次，包括与信息技术相关的层次，如企业门户的应用层、数据层、网络层等。与商务逻辑有关的层次，包括数据视图、管理视图或模型，及战略级、战术级或作业级等不同角度的层次问题。因此，在实施商务智能时要考虑到这些问题。从商业目标，到具体的解决方案，再到具体的实施细节，要对不同层次的问题有清晰的认识，这样才能使商务智能的实施在逻辑上更清楚。

（3）商务智能实施的集成性。商务智能实施的过程中，要在不同的层面上实现集成，如应用层的集成、数据源的集成等。商务智能的基础是原有的企业系统,因此必须合理地解决集成的问题。其中最关键的是数据集成和数据质量问题。商务智能决策支持是以数据作为依据的,所以数据质量的优劣是决策能否取得成功的前提因素。差的数据质量将导致高昂的操作费用,分散管理者的注意力,使管理者对商务智能的作用产生质疑。因此,在企业选择商务智能建设时机之前,要充分考虑现有数据的质量。如果数据的质量较差,则有必要找出原因,对数据进行处理,改善数据质量之后再进行商务智能建设。

(二)商务智能实施的前提

企业应该具备以下的关键要素以保证商务智能的顺利实施:①企业信息资源管理规划;②企业的信息发展战略;③企业的信息质量计划;④企业的数据仓库;⑤企业的商务智能能力中心。另外,应该考虑影响商务智能建设的几点外部因素:

(1)行业内部的影响因素。在通常情况下,应用商务智能的行业普遍具有以下特点:第一,客户群体规模庞大,用户数量众多,能为商务智能技术分析提供取之不尽、用之不竭的数据来源;第二,行业内部竞争激烈,产品与服务的差异化发展需求极为显著;第三,拥有比较完善的电子交易数据记录系统,能为大量收集电子交易数据提供方便;第四,业务系统运行稳定,业务优化空间明显。在常规的经营活动中,表现出以上特征的行业,普遍具有应用商务智能的现实需求。为了提高企业的绩效管理水平,增加企业的营收效益,降低企业的运营风险,借助商务智能手段,确保商务智能系统的顺利建设与平稳运行,已经成为企业在激烈的竞争中进取求变的关键举措。

(2)政策与技术影响因素。作为企业信息化进程的重要环节,商务智能建设时机的选择,极易受到政策与技术因素的影响。一方面,相关的政策、法规是推动企业引进商务智能的外部因素;另一方面,商务智能技术的成熟程度是决定企业增加商务智能投资的内部因素。随着商务智能技术的不断完善,使用商务智能系统的企业数量也将逐渐增多。选择合理的商务智能建设时机,可以帮助企业及时获得政府扶持与政策支持,而日益成熟的商务智能技术,必将有助于推动企业商务智能系统建设的顺利进行。

二、商务智能实施的主要步骤

商务智能的实施是一个多阶段的分步实施的过程。由于商务智能实施在企业需求、选择时机与成本收益方面存在风险，采取合理的风险规避措施，已经成为商务智能实施的基础与前提。首先，在企业需求方面，为了挖掘并适应企业的商务需求，商务智能项目组必须在进行迭代开发的过程中，帮助企业构建稳定的指标体系；其次，在选择时机方面，商务智能软件的安装，必须能够兼容多种数据源，有效应对复杂的企业数据构成，降低数据仓库建设风险；最后，在成本收益方面，为了尽可能缩短投资回报周期，规避企业的经营风险，合理控制项目进程，科学评估商务智能项目，准确预测项目的商业价值与开支，并在实施项目的过程中，有效降低成本投入，才能帮助企业以最低的成本投入获取最高的收益回报。

第一，估算项目实施的成本与开支。合理估算项目的数据成本、人力成本、基础设施成本与维护成本，有利于商务智能项目的正常启动与顺利完成。

收集与清洗数据是数据成本产生的主要原因。无论是购买数据，还是从各种业务系统中提取数据，都需要支付相应的费用。由于收集到的数据普遍存在错乱与缺失等问题，需要对数据进行费时、费力的清洗，这在无形之中增加了数据成本。

此外，项目的开发方式不同，人力成本的投入也存在差异。如果交由咨询公司负责商务智能项目的建设与应用，咨询公司完善的人员配置体系，无疑可以帮助企业节省人力成本。如果企业自主引进商务智能项目，为了保证项目的有效运行，公司需要配备专门的项目经理、业务员、数据仓库管理员、网页界面设计员及数据挖掘操作员等，这些专业人员的招募，加重了企业的人力成本负担。

第二，重视项目运行的维护成本。在应用商务智能的过程中，既需要定期维护系统硬件，也需要及时检查系统软件，不断评价并确认新建立的数据模型能够正常使用，这些环节构成了项目运行的维护成本。

第三，项目规划要考虑到商务智能技术的使用将转变原有的业务流程，展现一种全新的业务模式。在规划该项目时，必须描绘创建新的业务流程的方法。在这个新的业务流程中，商务智能应用是其中的一个关键环节。如果实施商务智能技术后无法转变原有的管理模式和业务流程，就无法发挥其巨大的作用，从而导致项目失败。

可以把整个商务智能实施过程分解成若干个子任务。首先是联机事务处理（OLTP），它是建设数据仓库的必要条件，所以数据仓库建设者不用参与此过程。其次是数据提取和转换过程。当建模结束后，就需要从各个数据源中把数据加载到数据仓库中，该过程就是ETL。然后是联机分析处理（OLAP），最后是可选的数据挖掘、预测、打分、分配过程。同时在整个项目实施的过程中，需要进行元数据管理。

从商务智能实施的角度来讲，其实施包括以下步骤：其中每一个实施阶段都包含六个过程：发现、分析、计划、设计、建造和评审。

一是发现。评估组织的基础设施和环境，确定其是否有充足的准备来开发和支持商务智能的实施。

二是分析。组成商务智能分析对话，确定商务智能应用中的关键要素，其中包括：完成接下来的需求分析并转换关键要素使其成为需求构件；完成初步的技术分析之后进行概念设计；实施工作量的估计。

三是计划。根据商业价值和实现的工作量排序需求和商业问题，精练初步分析中的商业问题，制订相应的实施计划。

四是设计。设计多维数据模型来解决问题，设计ETL或其他数据获取过程以满足解决方案的需要。

五是建造。构建并测试软件需求方案，测试工作是针对现有软件的查询和处理，并与原来的系统处理结果进行对比。部署软件的用户培训。

六是评审。评估实施结果，包括：①评估实施过程；②如果有必要，评估解决商务问题的商务价值和工作量；③选择下一阶段要解决的商务问题；④根据实施情况总结经验，以便提高以后的实施水平。

第三节　商务智能需求分析和方案设计

商务智能取得成功的关键是需求分析。一个商务智能解决方案可能包含一个或多个软件，因此会比一般的软件开发引发更多的风险和不确定性。做好需求分析，对于规避这些风险是非常有益的。需求分析的一个重要方面是理解商务智能的实施如何解答所谓的商业问题。确定商业问题及其重要性是客户的工作；商务智能项目组负责分析需求并与客户协同工作来定义商务智能实施方案，并且考虑成本效益以及限制条件。所有这些活动的驱动因素就是需求分析。

一、商务智能需求分析与商务用户的会谈

商务智能需求分析的关键是与商务用户的会谈。谈话小组由一个有经验的协调员来协调，并捕捉商务智能应用中的关键要素。一般情况下，每一次谈话都针对某一方面的问题，谈话的结果将导向商务智能实施。所以谈话的内容必须围绕一些关键要素。下面主要分析十个关键要素：

第一，商业目标。从战略的角度审视，商务智能实施应围绕企业的商业目标运作。

第二，决策者。这是指与商务智能交互的人员。

第三，假设。声明商务智能实施中的不确定性和风险。

第四，限制。商务智能应用中的限制或规则。

第五，主题域。与商务智能或商业领域有关的逻辑信息分类域。

第六，商业过程。实现商务智能和达到商业目标所经历的正式或非正式的工作流、工作过程。

第七，数据源。商务智能实现所依赖的数据仓库。

第八，商业问题。对企业实现商业目标而言非常重要的问题。

第九，度量。这是指能够回答商业问题的必要的数值。这些度量既可以是基本的，也可以由计算得到（一般由关键业绩指标得到）。

第十，维度。这是用于分类度量的数据属性。每一维度中都包含很多层次，允许上钻和下钻。

通过这些要素可以获得需求，其中最重要的应该是商业问题、度量和维度。商务智能应用的目的是解答重要的商业问题，确定所有用户关心的商业问题是需求发现过程中的一项重要任务。度量和维度也对限定问题和获取答案有着重要的作用。度量可以反映商业结果，如销售收入。维度可以从不同的角度来反映度量（按产品、按季度等）。在许多商务应用中，商业问题、度量和维度的集合称为数据立方体。决策者通过交互从数据立方体中获取商业问题的解答。每次谈话与讨论后，商务智能分析师都完成精练并将关键要素转换为需求组件，这些组件可以定义商务智能系统。

二、商务需求的技术分析

会谈过程中得到的需求确定应该做什么，但不是将要做什么。为了确定商务智能实施方案将要做什么，商务用户还要从成本与价值的角度来评估实施选择方案。估算实施成本需要技术团队的参与，根据需求确定工作量、时间和成本。这些技术分析的内容包括：①多少数据立方体足以解答商业问题；②现有的联机事务处理系统能否提供度量和维度信息；③提取和转换现有数据的复杂性；④数据质量能否得到保证；⑤计算度量的复杂性。技术团队还可以提供不同实现选择方案潜在的风险。对相关商业问题的商务智能实施可以根据技术团队的分析结果的难易程度来排序，这个结果也应纳入概念视图。

三、商务智能的评估商业价值与工作量

商务智能分析师对每一个商业问题都有两种考虑：商业价值和商务智能实施的难易程度。为了让用户更好地理解这些并确定实施的优先级，可以用散点图来表示商业价值和商务智能之间的关系。确定商业问题实施的优先顺序也是商务智能实施中的关键问题，决定了其成败。

四、商务模型与商务视图的设计

一般地，企业在商务智能选择方案中都有一个抽象层用来反映企业的商务模

型,即从商务的角度来反映数据。许多组织都建立多重商务视图,剪裁数据用于服务特定的客户。这些视图建立在数据仓库中,设计在ETL工具中,存在于商务智能分析工具和报表生成工具中。

第一,用虚拟数据集市实现中央商务智能数据仓库。在传统的商务智能环境中,商务视图是通过分别建立的物理数据集市来实现的。其优点是高性能,数据量相对较少。但是,这种方式增加了数据更新成本。目前的发展趋势是用虚拟的商务视图建立单一的中央商务智能数据仓库,这样可以降低技术、存储、维护和管理方面的成本,同时提高数据的质量。

第二,模式的灵活性。另一个商务智能的建立趋势是设计数据仓库时尽可能地考虑灵活性以满足以后的无法预期的需求。这样,当企业的内、外部环境发生变化时,可以不用大幅度修改数据仓库的结构。

第三,充分利用主数据仓库。许多组织实施了主数据仓库用于管理数据定义和维护的关键实体——人(客户、员工、供应商、合作伙伴)、事物(产品、资金等)和地点。将主数据仓库和商务智能集成起来可以将主数据作为源系统的一部分,当需要数据细节时才访问作业数据库。

五、商务智能中分析与报告的设计要求

商务智能中的分析和报告将结果呈现在用户面前。理解用户的需求、技能、用户对商务智能应用的复杂性要求以及他们如何工作都是非常重要的。应该尽量让用户易于使用。下面是可以采取的一些方法:

第一,制作类似于电子表格的界面的报告,报告工具可以使用用户熟悉的电子表格的形式。

第二,基于需求的、临时的和自服务的报表:①基于需求的报表是指根据用户的需求来生成报表。②临时报表是指报表的生成是无法预期的。③自服务报表是指用户可以不需要信息技术人员的帮助,自己制定报表。有的商务智能实施过程中有嵌入式的报表程序及详细的数据,所以用户可以操控并建立自己的报表。

第三,基于需求的和事件驱动的分析,这两种分析都是根据用户需求进行的。用户提出需求或者是当企业监控过程中出现相应的事件后再进行分析。

第四,复杂数据的可视化。报表和数据都应该与可视化工具相集成,如与地

理信息系统（Geographic Information System，GIS）和地图相集成。

第五，通过企业门户来存取商务智能实施数据。报表和分析工具可以通过企业门户来存取，用户无须安装任何软件就可以显示、操纵数据和进行下钻分析。这对于移动用户和外部用户而言特别重要。

第六，避免同一问题出现多重答案。对于用ETL来实现的商务智能，系统实时获取数据源中的数据。在这种情况下，不应该对询问同一问题的两个用户给出不同的答案。

第七，预测分析。目前许多组织已经从反应式的商务智能（仅知道过去和现在发生的事件）发展到了预测型的商务智能，通过预测来发现将来可能出现的事物。

第八，重视非结构化数据的应用价值。商务智能的另一个发展趋势是对非结构化数据的集成。一方面，企业中含有大量的非结构化数据，如果能够对其进行分析可能会给决策带来更大的方便；另一方面，可以为用户提供文本的表现形式，让用户获得商务智能数据的背景知识。

第九，商务智能与搜索能力的集成。将商务智能与搜索能力集成可以使其获得对结构化和非结构化数据分析的便利。比如，用搜索引擎来代替ETL存取数据，用商务模型来指导搜索引擎获得更有效的数据。

第四节　商务智能产品的选择分析

在购买商务智能工具时要注意商务智能的选择过程，考虑软件开发商是否处于技术开发能力的最前沿，是否有较强的可用性，以便可以长期有效使用。

一、商务智能产品选择的角度

根据供应商的评价选择商务智能产品，应从以下几方面出发：

（1）供应商的既往成功经验以及产品的成熟度。

（2）供应商的专长领域。

（3）供应商的售后服务和技术支持能力。

（4）产品技术发展方向是否与业界主流保持一致。

（5）产品的市场保持能力。

（6）提供商务智能应用技术咨询的能力。

（7）供应商在国内的技术储备。

（8）供应商的财务状况。

二、选择商务智能产品的注意事项

企业在选择商务智能产品的过程中应注意以下问题：

（1）产品的业务模型是否真正是企业所需要的。

（2）商务智能系统与现有系统要实现无缝集成，最大程度地保护既往投资。

（3）企业在选择商务智能产品的过程中应量力而行。

（4）适当地参考本行业内其他企业的成功案例。

总之，企业在选择商务智能产品的过程中，要从商务智能产品的特点、供应商的优劣势以及企业自身的优势等各个方面进行全面、充分的考虑，才能选择合适的商务智能产品，顺利结束商务智能建设过程中的产品选型期。

第五节　商务智能成功实施的规则

"20世纪80年代以来，我国企业进入了信息化时代。在复杂的商业环境下，企业为了生存必须迅速反应，实施决策智能化已成为企业发展的必然选择。"[①] 商务智能系统的建设不同于其他系统，需要大量的行业经验和管理经验。成功的商务智能系统需要具备的规则包括：

第一，确定谁是真正的决策者。任何商务智能项目都是服务于决策的，所以

[①] 夏明慧，张莉莉．企业商务智能应用的问题与对策分析[J]．中国商论，2020（5）：31．

找出谁是真正的决策者，有利于了解需求并且保障商务智能项目的实施。

第二，着眼全局。在商务智能中需要建设数据仓库，而数据仓库的建设是为了满足各个部门的需求，所以在建设过程中要考虑各部门的要求，统筹全局，分清主次。

第三，商务智能系统的规划与企业战略以及信息化规划形成层级式的继承关系。具体而言，三者建立的先后顺序应该是：先建立企业战略，然后进行信息化规划，最后才是实施商务智能系统的规划。因为商务智能系统的规划应该以前两者作为指导；而这样的规划次序也是一个逐渐明晰的过程——商务智能系统的规划能够很好地对前两者进行补充和细化。商务智能系统的规划应与企业战略以及信息化规划形成高度的一致。

第四，实施商务智能应从最迫切的业务着手。可以采用集中的方法建成一个独立的庞大系统，把企业中所有的业务数据全部放在一个数据仓库中，进行多维数据分析；也可以采用离散化方法，将其嵌入各项业务数据中，进行单独的业务分析。基本的原则是先把最紧要的业务管理好，以便迅速响应市场需求，做出最佳决策。在积累了一定的经验后，再逐渐运用商务智能系统继续对其他业务进行决策分析，这样可以在一定程度上规避风险。因为商务智能也要进行流程的重整，一个部门的整顿对公司的影响要比整个公司整顿带来的影响小得多。而且，离散化方法相对而言容易实现，回报速度快。

第五，坚持业务驱动。在企业信息化过程中，应始终坚持"业务驱动，信息手段支撑"的原则，商务智能的实施也是这样。信息化建设的需求拉动都是从业务部门做起，而不是信息技术部门。企业应该要求业务部门配合信息技术部门共同协商提出需求模型，以尽量准确地把握企业业务的发展方向。

第六，成立专门的数据分析部门。落实相应的数据分析部门。企业对数据进行优化的目的就是从中找出最有价值的数据。这些有价值的数据被挖掘出来后，如果没有相应的人对其进行跟踪处理，其价值也就只停留在迅速做出报表的层面上了。如果能够给企业带来增值效益的数据分析被忽略了，商务智能的核心价值也就荒废了。

第七，高层管理者的支持。商务智能同ERP和CRM等软件一样需要高层管理者的支持。一般的工作人员想到的只是利用商务智能迅速生成报表，提高工作效率；而从管理者的角度来看，是从有助于企业业务增值的目的出发，两者在需求模型设计时的侧重点完全不同，结果也大相径庭。另外，如果没有高层管理者的大力支持，企业的业务流程调整会遇到很大阻力，甚至难以贯彻下去。

第八，系统的项目管理。商务智能系统的建设是一项巨大的系统工程，要遵循项目管理的方法。

第九，结合行业和企业自身的情况作出选择。这一点对商务智能系统产品的选择尤为重要。尽管商务智能具有行业的普遍适用性，但是各个商务智能产品厂商针对各行业的熟悉程度不尽相同。另外，商务智能产品的选择往往不应仅限于功能上的考虑，还应细致考察商务智能产品厂商是否提供了适合企业自身的商业模型。颇具实力的商务智能产品厂商都有很多针对不同行业或企业规模而细分的模型库。如果对商务智能产品的选择适当，会减轻企业二次开发的工作量，还可尽快地从商务智能系统中获益。

选择恰当的机制，规避实施风险。商务智能系统的实施绝不是简单的产品的叠加，企业应充分认识到不当的实施将带来极高的风险。为了最大限度地利用商务智能系统带来的价值，规避其中隐藏的风险，引入"咨询—监理—评价"体系的机制是很有必要的。

具体实施过程中会产生许多问题。根据实施过程中的问题排序可知，缺乏用户参与、需求定义不准确、与管理相脱节以及缺乏真诚合作等是比较关键的问题。其中前几个问题都是因为缺乏有效的沟通。

第六节　商务智能模式的发展路径

一、产品智能化转型的发展路径

未来一切都将智能化，产品智能化转型是第一步，在可以预见的未来，没智能化的企业只有一条出路，那就是走向灭亡，面对激烈的市场竞争，未来的世界是从万物互联到万物智能的世界，一切商务未来都必须智能化，传统企业如何走向智能化，企业的核心业务流程必须要完全构建在互联网上，由软件驱动，才能够具备向智能化演进的可能。技术本身不是最大的障碍，真正的挑战是大家能不能用智能商业的思路来重新审视自己所有的业务、所有的流程，甚至进行全面的改造和创新。数据就是决策，在互联网环境下，最重要的是企业家和创业者的洞察力。数据就是决策，而你的决策自然产生数据，所以这是自然而然的过程，数据是被记录下来的。数据+算力+算法是企业智能化决策的核心。

从"互联网+"到"智能+"，从传统经济到数字经济，产品智能化是传统经济转型数字经济的必由之路，驱动着传统行业进行转型升级，这就是人工智能、大数据、物联网、区块链、云平台给传统行业带来的变革。为了抓住智能革命的浪潮，不管是互联网相关企业还是传统行业领域的企业都在求新求变，目前企业智能化转型可以分为以下三个阶段：

第一阶段是最基础的智能转型模式，即从客户体验出发。处在这一阶段中的企业的转型目标是市场化和在线化，积极探索自身"客户体验"与"在线交互"维度的成长，通过借鉴互联网思维将原本诞生于互联网的新生组织模式嫁接到传统构架中。

第二阶段是在传统智能转型基础上用业务驱动组织深度融合的阶段。处在这一阶段中的企业开始试图借助信息技术的力量向更高的目标迈进。具体表现为，开始重视组织的内外接口，为沉淀并共享各类资源开始强调人才发展与创新。

当企业进入智能转型第三阶段时，企业自身发展已能够实现智能驱动。处于当前阶段中的企业已然能够在客户体验、在线交互、群体创造与接口透明全线成熟的基础之上做到智能驱动成熟，即能够实现完全自动的数据驱动，无须人工辅助。

企业数字化转型用加法，让产品插上智能化的翅膀。比如手表是常用工具，但智能手表除指示时间之外，还应具有提醒、导航、校准、监测、交互等其中一种或者多种功能；音箱是普通听音乐设备，而智能音箱要有实现闹钟、简单查询、蓝牙音箱等功能，另外最重要的就是可以进行语音交互，通过人机对话的方式，还可以点外卖、充话费、查快递、刷淘宝，智能音箱还能成为智能家居的中控中心，听从主人的命令控制家中的灯光、窗帘、空调、冰箱等；台灯是普通的工具，但智能台灯要有智能接待来宾、人脸识别、智能对话、距离测定、智能报警、关灯、自动巡逻等丰富的实用功能，为用户提供五星级的接待服务。产品智能化升级之后带来的附加值很高。产品智能化是指能实时感知系统内外部状态，实时分析计算，自主作出决策，精确控制其他相关联的物理设备。

企业智能化转型有三种发展路径：分别是产品智能化、交互智能化、生态智能化。智能化产品的技术体系主要由电子技术、自动化控制技术、物联网技术、大数据技术、云计算平台技术、机器学习技术、互联网技术（传统互联网&移动互联网）、安全监控技术组成。其中，每一大类技术又各有一个技术体系，且各大技术体系相互交叉，你中有我，我中有你，犹如太极。智能系统分三级：初级智能系统具备状态感知、自动决策、自动执行三个特征，如智能路灯可根据传感器自动判断开启和关闭智能路灯。中级智能系统具备状态感知、实时分析、自主决策、精准执行四个核心特征。例如，智能冰箱可以根据嵌入的软件和知识，以及事先置入的流程，在食物低于储量时自动提醒和报警。高级智能系统具备状态感知、实时分析、自主决策、精准执行、深度学习五个特征。有深度学习能力能不断自我进化，如IBM的深蓝系统在与世界围棋冠军对弈时晚上仍在学习，自我下了1000盘棋，对白天与人类下棋的整个过程进行复盘，这样的智能系统是智能化的高级阶段。

产品智能化的演进主要分为以下三个阶段：

第一阶段是单品智能化。单个产品利用智能化设备和人工智能技术实现智能化，如智能音箱、智能床垫、智能家居等产品。创业公司和家电企业会呈现从两端向中间走的态势，创业公司优先选择小型家电产品，如插座、音响、电灯、摄像头等，而家电企业则优先选择大型家电产品，如电视、冰箱、洗衣机、空调等。

第二阶段是单品之间联动。首先不同品类产品在数据上进行互通，后续不同品牌、不同品类产品之间会在数据上做更多的融合和交互，但跨产品的数据互通和互动大多可能还是没办法自发地进行，只能人为去干涉，如通过手环读取智能秤的数据、通过温控器读取手环的数据等。

第三阶段是系统智能化。系统化实现智能比较科幻，是跨产品数据互通和互动之后再进一步的结果，不同产品之间不仅可以进行数据互通，而且可以将其转化为主动的行为，不需要用户再去人为干涉。例如，智能床发现主人太热出汗了，空调就启动了，或者是抽油烟机发现油烟量太大，净化器就准备开始工作。

系统化实现智能是建立在具备完善智能化单品及智能产品可以实现跨品牌、跨品类互动前提下的，这需要智能家居中的所有产品运营在统一的平台之上，遵循着统一的标准。这意味着，目前已经切入智能家居领域的厂商，需要考虑自己这一套智能产品的网关设备是不是可以嫁接到未来的大平台上。

从事智能化产品的有三类企业：第一类是传统的互联网企业，通过技术平台加以研发，如阿里的音箱、京东的叮咚音箱、百度的小度音箱、小米的小米音箱等；第二类是传统的制造企业，通过自主研发智能模块改变产品性能，如小天使智能手表、云之声音箱、智能床垫等；第三类是传统的具备解决方案能力的制造企业，如美的、创维、海尔等，通过技术研发和积累不仅可以实现单品智能，而且可以实现智能家居一体化，具有广阔的前景。

（一）单品智能化（工具智能化）

单品智能化或智能单品是指采用Wi-Fi、蓝牙等无线通信技术实现简单功能的单体智能化消费产品。智能单品具有独立的MAC地址，需要基于云平台实现对产品的激活与鉴权，同时，利用智能手机的App实现对其无线遥控和远程控制。现阶段智能家居的控制中心仍以智能手机为主，未来随着场景联动的多样化和语音交互的普及，将会向智能音箱、智能电视等设备进行转移，并且随着智能设备和智能网关的融合，后续将会建立适合多种场景下的智能中枢。

目前市场上的智能单品主要有如下几类：

（1）灯泡插座类：如Wi-Fi插座、智能灯泡等。

（2）红外遥控类：如红外遥控盒子、红外遥控插座、Wi-Fi遥控器等。

（3）网络摄像头类：如Wi-Fi摄像头、行车记录仪等。

（4）可穿戴设备类：如智能手环、智能眼镜等。

（5）手机附件类：如无线充电、遥控助手等。

（6）健康保健类：如智能血压计、血糖计等。

（7）智能家电类：如智能空气净化器等。

智能单品的优缺点如下：

智能单品的优点主要体现在超低的价格和简单的使用功能，几乎无须专业的安装调试即可使用，手机App的使用使得智能单品在其原有的基本功能的基础上增加了更多的附加值，如大数据、交互性、个性化等，因此深受大众消费者的喜爱和追捧，特别是青年一代的青睐。

智能单品的最大缺点就是无法实现不同厂家及多种不同智能单品之间的互联互通，特别是每个智能单品都要下载一个专用的App，导致使用者的手机中有太多的App，给使用者带来额外的困扰和不便。

（二）交互智能化

在智能家居大火的2019年中，单品一度成了智能家居的主旋律，不少业内人士也预测，单品就是智能家居的未来。然而，事实证明，单品只是一个过渡，像谷歌、三星、苹果等巨头开始走上平台之路，试图让更多产品连接在一起，尽管平台策略尚未证明是否成功，但可以肯定的是，确立了智能家居系统化的大方向。要取得智能化场景体验的不断升级、优化，首先需要打破的是单品智能的孤岛效应，这需要行业间的协同努力。另外，在走向智能的过程中，人机交互方式也将发生根本性扭转。目前，机器"被动接收、被动服务"模式将被"主动服务+交互智能"取代，在用户未发起交互时主动提供适用于当前场合的服务，智能系统将随时处于待命状态，而当用户主动发起需求指令时立即执行和反馈。

例如，门厅触控面板自定义居室场景，可以智能实现对讲、监控、控制全屋电器；浴室魔镜智能控制实现冷暖风、实时打开热水器、加热马桶盖、体脂秤实现监测体重体脂；冰箱触控屏可以智能实现下单购买食材、调控温度、找食谱，还可以与烤箱、消毒柜、洗碗机互动，根据食谱选择烹饪火力、自动暖盘和餐具清洗；电视遥控器用语音就可控制家中所有电器，开关空调、调节温湿度；空气净化器自动检测空气质量，PM2.5超标时自动开始净化。

上述这些智慧家庭场景不是影视剧中的虚拟剧情，而是真实存在的。随着AI、大数据和云计算的发展，新技术赋能物联网，智能家居早已被摘掉了富人和极客专享的标签，快速走进我们的生活，改变着每个家庭日常生活的方方面面。

目前市场上的智能单品主要有以下几类：

（1）可穿戴硬件。可穿戴硬件是一种可能实现数据交互可直接穿戴或成为配件的便携式智能硬件，目前市场上主要有智能手表、智能手环、智能衣服、智能眼镜等。

（2）智能家居。智能家居是指家居的智能化，利用人工智能等智能语音、自然语言等处理智能设备实现人机交互，以综合布线和5G等智能网络实现动态数据传输，提升家居的智能性、安全性、便利性、艺术性，实现信息互联、人机交互，主要有智能彩电、智能音箱、信息家电等。

（3）车联网。车联网主要指车辆上的车载设备通过无线通信技术，对信息网络平台中所有车辆的动态信息进行有效利用，在车辆运行中提供不同的功能服务。可以发现，车联网表现出以下特征：车联网能够为车与车之间的间距提供保障，降低车辆发生碰撞事故的概率；车联网可以帮助车主实时导航，并通过与其他车辆和网络系统的通信，提高交通运行的效率。车联网主要包括车辆和车载系统、车辆标识系统、路边设备系统、信息通信网络系统等。

目前，石油能源短缺的现状与持续增加的车辆尾气排放量将使人们的生存环境趋向恶劣。如果车联网在未来的车辆驾驶中得以应用，将帮助人们生态出行、无人驾驶，解放我们的双手，有利于智能商务的普及。

（三）智能系统化

从单品智能到交互智能、从交互智能到系统智能，得益于人工智能、物联网、大数据的发展，各种智能产品开始爆发，各大制造厂家着力发展智能产品的广度，更注重提升综合性多产业的制造能力及将旗下各品类产品有效兼容互联互通的能力，关键词是"系统化+场景化"。其中，系统化是以万物互联的思维，解决智能产品碎片化问题，化零为整，整合成一个系统，方便管理和控制；场景化是在系统的基础上，以排列组合的方式，塑造家庭生活场景的智能化。亚马逊Echo智能音箱、谷歌Home系统，让智能家庭助手的市场争夺趋于激烈。从单品智能到系统智能，未来智能生态圈将会由单品逐步发展成为集智慧物业、智慧家庭、社区商圈、安防监控等智慧家庭与社区多领域组合的智能生态圈形成多功能整体系统，不断美化我们的生活，并进一步改变家庭生活方式。

智能单品是智能系统的一个重要组成部分，智能系统由无数个智能或非智能单品组成。目前智能单品家族庞大，我们身边的大部分家居都可以成为智能单品的一部分，包括智能音箱、智能电视、智能空调、智能冰箱、智能洗衣机、智能灯泡、智能马桶都是"智能一族"。智能单品与智能系统的区别如下：

（1）运作模式不同：智能单品是不依赖智能系统而独立存在的，可以利用Wi-Fi或5G电信网络实现智能，而智能系统高度依赖中央系统或存在于云平台的总系统中进行系统调度，智能系统功能要远远大于智能单品。智能系统是以"智能控制中心+传感器+控制器"的方式，形成一个智能系统网络，智能系统是可对各种设备集中统一控制，产品核心包括通信协议、操作系统及针对现场环境做的整体配置解决方案。

（2）连通机制不同：智能单品功能单一、不兼容，或不需要连通其他设备，而智能系统依赖系统，要求所有设备实现互联互通。在智能系统中没有系统支撑的单品很难实现智能价值。对应的具体产品包括灯光控制、影音控制、门窗控制、环境控制、安防感应、远程监控、背景音乐，还有可编程的各种一键式场景及定时功能等。这些设备都将集中在同一系统上，通过系统的通信协议，使各个子系统有机地结合在一起，以方便人们的各种个性化需求，并将现有设备纳入其中，实现各种现代化、智能化功能。

（3）体验不同：受制于通信及网络条件，智能单品只是实现某一个或某两个智能功能，刚开始往往比较新鲜，但很快就会厌倦，体验感很差；而智能系统通过系统互联，不仅实现了智能单品难以实现的功能，甚至在万物互联过程中产生新的应用，给人更好的体验感。同时就单品来讲，单个智能单品功能都是强大的，但因为不能相互兼容，需要用户每个家电都单独使用一个相应的App应用来控制，使用起来特别麻烦，而在智能家居系统中情况就完全不一样了，它可以整合几乎所有的家电设备，将之集成在同一个控制终端，而且可以根据用户的需要进行智能化编程，让各种电器按照用户的意愿来实现动作，真正实现了省时省心省力，这才是真正智能家居的精髓。

尽管智能家居单品市场火热，但是我们也要看到，行业存在进入门槛高、缺乏普适性方案、厂家标准不统一的三大行业壁垒，市场上缺标准、使用难、价格高、连接难的四大市场障碍。单品还存在不能互联互通、功能单一、不兼容、稳定性差等问题，这些因素影响了人们的感受体验，将是未来需要解决的难题。而现实中由于每个单品后面都是一家公司，要实现互联互通特别困难，单品和系统各有优、劣势，单品在用户认知和接受度上有优势，但不能满足用户对智能系统集中管理的需求，系统则相反，能满足用户集中管理的需求，但在用户接受度上没有优势。目前，虽然有不少人认为智能单品很有前景，但不可否认的是很多单品厂商都在逐渐向系统转变。

在现阶段，单品和系统应互相补充、共同发展。随着数字化建设、三网融合、物联网、大数据、云计算等应用技术的发展，智能家居互联互通的趋势进一步加强。无论是单品还是系统，互联互通是大趋势。智能化的家居单品要建立自己的系统体系，以多类产品互联、互通、相互协作为方向；智能家居系统也不要满足于以控制为主，而是需将所控制的设备逐渐纳入自己的系统中，步步为营，力图实现系统、系统中的设备及系统中设备所控制的设备的整个"圈"的全智能。值得一提的是，在单品与系统的较量过程中，出现了另外一种别出心裁的模式，也就是苹果公司在前段时间推出的、没有硬件（单品和系统）的智能家居平台，或许这也是智能家居未来重要的一极。

（四）制造业智能化转型

物联网、5G、人工智能等科技的爆发性发展带来了算力和算法的巨大进步，传统制造业的数字化发展又带来了海量的数据。三者的日益融合逐渐形成了以"数据+算力+算法"为核心的智能制造技术体系，成了驱动制造业智能化转型的关键力量。

与传统制造体系相比，智能制造生产体系的优势主要表现为：消费者洞察从间接到直接，研发环节由串行到并行，采购环节实现自动化、低库存化和社会化，生产环节全面智能化，以及无所不在的智能销售和售后服务。在此背景下，企业智能转型有四条路径：一是规模化供给解决定制化需求，实现长尾重构；二是精准捕捉用户需求，快速推出新品，实现敏捷响应；三是工业大脑结合行业洞见，重构人机边界，实现智能决策；四是工业互联、云平台助力大型集团构建高度协同的智能制造生态体系。

智能制造颠覆了传统产业几百年来赖以生存的"传统工具+经验决策"的发展模式，掀起了在工具和决策两个维度上的深层次革命。工具革命大幅提高了生产效率，而决策革命则需要企业通过人工智能等手段优化决策的准确性、及时性、科学性，实现真正意义上的智能化生产。

传统制造业智能化转型的路径如下：

（1）产品智能化：给传统产品装上传感器，通过5G通信信号实现万物互联，对自动化生产线进行升级换代，自动化生产线能自动读取每个设备的运作数据，对产品能有效识别、定位和追溯，MES系统根据客户的定制需求进行生产。

（2）装备智能化：装备智能化是智能制造的核心，智能制造装备涉及智能传感器、工业机器人、3D打印设备、数控机床、智能控制系统等主要行业，通过装备智能化、优化智能车间和建立数字化工厂，让各种资源要素、生产要素、制造资源、物料管控、质量管控数字化，可以提高生产效率和工人的积极性。

（3）生产流程智能化：随着企业规模的扩大，制造现场很难实时掌握，人工管理方法产生延时、错误和矛盾。人工管理方法已经无法对生产流程管理实施有效的控制，难以适应市场激烈竞争的需求，通过打造智能工厂，实现生产流程智能化，利用物联网技术和监控技术加强信息管理，集初步智能手段和智能系统等新兴技术于一体，关键生产环节基于模型的先进控制和在线优化，在深入研究生产机制基础上通过数学模型控制生产算法以解决复杂过程的高度非线性和高维性问题。生产流程智能化是关键步骤。

（4）车间数字化：在产品智能化和装备智能化基础上，以搜索各种产品数据为基础，通过VR数字孪生技术，对生产过程进行模拟、仿真和优化，并进一步扩展到整个产品生命周期。车间数字化有助于企业提高生产效率，降低生产成本。

（5）管理智能化：企业产品的好坏与生产过程中的管理与控制息息相关。管理智能化是通过各种传感装置、各种智能终端、大数据驾驶窗、LED智能生产看板对整个生产过程从端到端进行数据采集、控制、实时了解、智能分析、优化决策，实现及时、动态、优化的管理。

（6）服务智能化：在智能工厂的基础上，通过各种智能装备和智能产品，积极利用各种物联网、人工智能技术优化服务环境，在供应链管理、客户服务等方面实现人机交互、网络智能等，如利用无人机器人进行货品分拣、利用各种智能语音机器人进行客户服务等。

二、平台化转型的发展路径

未来的竞争不再是个体公司之间的竞争，而是商业生态系统之间的对抗。运用关联组织的能量组成一个新的竞争系统，从而突破成长的上限。对于这种能量的聚集方式，我们称之为平台化转型。

互联网平台改变了世界，颠覆了巨头。平台的时代已经全面到来，从"互联网+"到"智能+"，从传统经济到数字经济，平台化是传统经济转型数字经济的必由之路，驱动着传统行业进行转型升级，这就是人工智能、大数据、物联网、区块链、云平台给传统行业带来的变革。为了抓住智能革命的浪潮，不管是互联网相关企业还是传统行业领域的企业都在求新求变，线上线下融合已经形成标配。

在未来，不善于经营"平台"的企业、组织甚至个人，必将遭遇严峻的发展困境，凡是在事业上取得持续辉煌的企业和组织，绝不是靠一己之力去谋求自身的发展，而是平衡地利用关联组织的能量和价值组成一个新的竞争平台。当今世界范围内的竞争由过去的国家与国家、企业与企业、团队与团队之间的竞争，逐渐演变成联盟与联盟、系统与系统、平台与平台之间的竞争，大平台在竞争中的优势日益凸显出来。

平台转型对中国企业尤其重要，相比欧美分割的市场和日益增长的保护主义，在中国，平台型企业有着更适宜的发展环境。高度一致的国内市场进一步促进了平台化的扩张速度，商业模式可以一地试验，全国推广，快速复制。中国也是全球唯一的全生产要素的工业国，中国的产业链平台化进程具备天然的工业基础，平台承载的就是生产价值的交换。随着"一带一路"倡议的展开，中国市场与全球市场的融合也在加速，多边贸易机制即使有所变化，中国的开放决心仍然不会动摇。理解平台化对于中国的企业尤其重要，如何设计和治理平台企业，如何管理平台变革都成为企业领导者日益紧迫的课题。

目前平台化生态已经初步形成，是形成平台化转型的助推器，平台生态中的信息技术基础、物流体系、服务生态都已不断成熟，5G网络、云计算技术、LBS定位系统、智能化硬件、大数据挖掘技术等信息技术基础已全面具备；物流体系经过近几十年电商发展已经初步完备，DC仓、地区仓、城市仓、前置仓在一些城市基本构建完整。京东的仓、菜鸟的仓、苏宁的仓及其他物流企业的仓，包括针对2B、2C的仓配体系基本构建起来，服务生态基本完整。目前，围绕厂家平台化转型的周边生态服务体系在逐步完善，包括搭建连接平台、交易平台、支付平台技术体系基本完整；实现企业与消费者、终端连接的平台技术基本成熟，可以帮助企业直接对接消费者、终端店。

（一）平台智能化商业模式的特征

在智能商务时代，平台智能化和智能平台化是发展的两个方向，智能平台化是企业智能化转型的第二步和第三步，智能化转型分为单品智能、交互智能和系统智能三步，智能平台化就是向交互智能和系统智能转型，是企业成长的关键阶段；平台智能化是互联网平台智能升级的表现，是平台化发展的高级阶段。同互联网时代的平台商业模式相比，智能化时代的平台商业模式呈现出以下五个方面的特征：

（1）平台"智能化"。流程自动化、推荐自动化、结果数字化，智能商务平台利用各种数字化工具，打造线上线下的数据结构，自动读取、自动分析、提取有价值的信息。通过各种智能传感设备与智能终端和人工智能、大数据、云平台技术，实现人与人、人与平台、平台与平台之间的集成，形成产业价值链智能化网络系统。

（2）平台"生态化"。通过连接上下游资源，把商户与消费者进行对接，形成各种各样的商业生态，以平台（智能交易平台、智能制造平台、智能分析调度平台、智能终端平台）为主体，连接上下游各种资源，形成众投研发平台、电子交易商城或智能商店、智能服务平台等。以智能平台为中心，将消费者与用户连接在一起，实现精益生产和精准供给。智能商务生态化极易形成各种以价值链、以生产供需等模式为主的商业模式创新。阿里通过商户与下游消费者对接，通过建立芝麻信用、融资平台、支付平台、生产平台打通商家形成生态圈。

（3）平台"扁平化""去中心化"。智能商务平台通过建立商家与消费者的连接，消除中间商，让渠道扁平化。以OMO商业模式（Online-Merge-Offline）形成线上线下商务的有效聚合，简化获得实体商品和服务的途径，降低经营成本，拓宽收益渠道，增强客户黏性，促进产业升级。

（4）平台价值创造多元化。基于智能商务平台的众筹、众包、众投、众创商业模式，众筹可以筹人也可以筹智，众包可以分散压力，众投可以降低风险，众创以众人之力完成一些大事，利用互联网消除了"时空约束"，利用智能化消除了信息约束，形成全球买、全球卖、全球销的新格局。

（5）平台产业"虚拟化""无边界化""业务边界模糊化"使跨界经营"常规化"。智能商务平台利用数字化、网络化、智能化的特征，构建出一个企业"无"边界、产业"无"边界的"虚拟化"商业价值生态体系。人工智能、大数据、物联网的高速发展使这一切成为可能。例如，微信（WeChat）本是一个即时通信社交软件，但它却可以为用户免费提供短信、图片、语音通话等功能，这间接进入了传统电信运营商的地盘，从而成功实现跨界经营。目前微信利用庞大的社交人群通过电商入口为京东赋能；通过社会服务入口为用户提供增值服务，从而建立起一个新的小生态。智能商务平台以平台为导向的经济变革为社会整体和商业机构创造了巨大的价值，包括创造财富增长、满足需求。

（二）平台的分类与成长逻辑

以亚马逊和阿里巴巴为代表的电子商务平台改变了商品交易的形式，以 Windows+Intel 平台为核心的 PC 产业改变了我们日常工作和信息处理的模式，以 Uber 和滴滴平台为核心的打车颠覆了我们平常的出行模式，以 Google 和百度为主导的搜索引擎平台改变了我们获取信息的方式，微信平台改变了我们参与移动社交的动机。

这些平台企业在领导和推动一场场经济社会变革和转型的同时，自身也借助资本的力量获得快速发展。阿里巴巴 IPO 首日市值竟与中石油这样的巨无霸相当，而前者经营收入却不及后者的 1/10，管理精英们不得不深入思考这样一个问题：现在和未来，全球经济社会的组织形式和价值形成机制正在发生什么变化，以及将要形成何种趋势。

经营企业一定要看趋势。因为互联网的高速发展，中国及世界的市场环境都发生了巨大的变化。现代企业都将由过去的传统企业变成互联网企业。传统企业的生存、销售、物流、服务都将由线下转入线上。企业的发展空间和时间都将成为市场的竞争优势。所以传统企业将重新洗牌，人人必须参与平台化思维、平台化运作，否则就会被市场淘汰出局。

平台化的企业正在抢占传统市场，按规模大小、功能类别可分为以下四大类。

（1）智能商务综合信息平台。智能商务综合信息平台是指不只针对特定群体而提供各种综合服务的平台，包括亚马逊、苹果、百度、阿里、新浪、网易等提供各种信息的交互平台。综合信息平台的优点是服务范围广、服务人口多、企业规模大、发展时间长，所以现在智能商务企业若想寻找机会，必须细分市场，创造行业类平台。

（2）智能商务行业垂直平台。智能商务行业垂直平台就是专注于某一个行业、服务某一类特定群体的市场。例如，主要提供各类服务信息的58同城，提供交友信息的世纪佳缘平台，提供就餐、电影、交通出行的美团平台，提供招聘服务的Boss直聘平台，提供打车服务的Uber、滴滴打车平台等，这类平台的共同特点就是行业细分、纵向服务，在一厘米宽度做到一千米深度。智能商务行业垂直平台的发展商机非常大。因为现在还有太多的行业没有形成行业类的专业平台，所以参与平台创建的人都有机会。毕竟专业类平台比综合类平台服务更精准、更专业，信赖度更高。

（3）智能商务企业类平台。智能商务企业类平台是指企业根据自身的品牌、产品、服务创建的一个独立性平台。这类企业既不依附于综合信息平台，也不依附于行业类平台。企业类平台的好处是具有独立性，企业的经营和管理不受别人限制。缺点是企业类平台经营成本太高，不容易推广，很难吸引客户。

（4）智能商务产品类平台。智能商务产品类平台是指既可以专门生产某一类产品进行销售，也可以建立平台后专门代理销售某一类产品，打造产品平台。产品类平台的优点是企业投资小，资源集中，定位精准。缺点是客户少，积累慢，企业难以做大。产品类平台相对于企业类平台来说更有优势。因为互联网平台的消费者不受时间和空间的限制。如果创业者具有工匠精神，把一个产品做精、做细、做成品牌，进行单品突破，精准定位，也是一个好的营销策略。无论是哪种平台，最后都需要深度运营，流量运营、生态运营都很关键。

为打造成功的智能商务平台商业生态系统，需要实施平台化发展战略，该战略的内涵包括平台商业生态系统的参与者及其需求、平台系统的功能模块、平台的架构、平台运营流程、平台商业模式、平台商业生态系统的动态演变机制、平台发展方向和战略重点、平台运营和管控策略、平台系统动态优化方法、平台化发展战略的实施流程等多个方面。

首先，要做好精准定位，确定平台的参与者，辨识参与者的动机和需求，通过数字画像精准描绘消费者特征，做好精准定位和规划。其次，在第一步基础上设计平台化发展战略，明确发展的基本方向、战略重点和可行策略，并将平台化发展战略转化为具体的行动步骤。接下来，设计与开发平台架构、功能模块和服务流程，对于有一定基础的平台企业，一方面是平台功能和服务的创新；另一方面是技术平台的建设和优化。进一步，需要制定平台系统的推广方案和竞争策略，吸引各类用户加入平台并开展交易或匹配活动。最后，对平台系统上各项服务的使用情况和运营效果进行监测、反馈和提升，实现对平台商业生态系统的治理、持续优化与转型升级。

（三）平台的价值逻辑

做零售数字化和智能化的企业和平台众多，扎根零售的深度也在下潜。从有限SKU、有限场景、有限结算层面的数字化到精细入微的全场景数字化运营，通过信息系统进行数字化穿透，已经逐渐从零售企业的"选装"成为"标配"。

一个不被人熟知的信息是，除了在视线内活跃的巨头们，如阿里、腾讯、小米等，华为、美的、格力等科技企业也早已开始默默布局着自己的智慧零售解决方案。想要在零售数字化的过程中玩出新花样并不容易，这不得不让人充满期待。

从社群零售到智慧零售，而智慧零售超级连接示意系统显示了变化的逻辑。从传统零售到新零售，零售的形态在变，但价值逻辑不变，智慧零售平台的价值逻辑是创造价值、分享价值、获取价值。每一个智能个体既是价值的总来源，又是总价值的受益者，一切都回归本源，以消费者需求为中心，以数据化、网络化、智能化助推消费者精准画像，私人定制，生产流程数字化、物流信息化、推荐自动化，让生产、物流、支付、采购、服务都进行数据化和智能化，最终实现零售商与消费者价值最大化、平台生态化。

零售企业的数字化、智能化、生态化要分为三个步骤。随着新零售的理念越来越被接受，人工智能、5G物联网、区块链、云平台、大数据等技术的不断成熟，商家的数据意识不断增强，智慧零售的发展越来越深化。

第一步，智慧零售的需求数字化，消费者很少去考虑家庭每一个月的开支种类，如鸡蛋的需求数、青菜的需求数、猪肉的需求数，汇集到一个小区一个月的总需求数，如果这些数据与商家打通，商家就会根据消费者的需求进行自动化生产，避免供应过多价格下降，也避免供应过少造成价格回升。作为商家有意识地搜索这些数据，如某类产品销售额、用户信息、生产成本、原料采购、管理费，并根据这些与ERP、MES等系统对接，这是所有智慧企业成功的第一步。

第二步，打通线下线上数据，实现人机交互和协同运营。在数据修正的基础上，利用各种智能终端、人脸识别、传感器、RFID等对上下游企业数据、运营数据、零售网点数据、消费者过往需求数据进行智能分析、智能挖掘进行辅助决策和自动化推荐，并利用各种智能工具如VR虚拟试衣、智能停车、以图搜图提高消费者体验，利用微信小程序、智能摄像头、RHD巡检等对门店进行远程智慧管理，实现远程打卡、消费者未到而系统提前告知，根据消费者自动定义门店的产品等，指导商业决策、提升运营效率。

第二步，以智能商务驱动新零售"人、货、场"的重构，人变成"数字化的消费者"，货变成"基于体验的场景解决方案"，场变成"各种不断细分的场景"。基于人工智能、区块链、智能语音、自然语言处理等各种技术的不断运用，对各种消费数据、交易数据、消费者数据进行有意识的收集、处理，随着算法的不断优化，通过数据+算法围绕业务场景，进行全渠道、数字化、场景化的改造，使实体零售实现降本提能，实现从生产端到最终销售端的全面提升。

三、从共享到普惠的发展路径

传统企业搭上数字化转型列车，共享经济、普惠经济是不错的选择，目前全球共享经济处于高速发展期，参与共享经济的人口不断增多，共享经济平台收入大幅度提高，共享经济领域不断拓展。随着中国经济步入新发展常态，经济开始进入了转型关键期，推动了共享经济、分享经济的快速崛起。共享经济模式已经深入社会的层层领域，深入人们生活的方方面面，传统企业做乘法，搭上共享经济的班车，加快智能商务步伐。

目前绝大多数的共享经济企业，本质都只能说是搭上互联网列车的传统经济模式，只是在服务形式、效率、成本等方面进行了更新升级，并没有改变实质，而智能商务要求从本质上颠覆传统的经济模式。目前共享经济呈现出五大趋势：内涵持续深化，外延不断扩大；竞争日趋激烈，少数企业胜出；传统企业转型，积极拥抱分享；监管体系重构，社会协同治理；倡导开放包容，走向信息社会。总体来说，从共享到普惠，分享经济发展前景呈现大好形势。

广义的普惠化是指利用互联网技术基础设施，让人人参与建设，人人享受成功，从而实现科技普惠、金融普惠、贸易普惠的普惠生态。互联网生态建设要发挥最大群体的生态协同效应，普惠就是最基本的要求，是生态之核心。

（一）共享经济本质与特征

Uber、Airbnb、Facebook、维基百科、滴滴打车、Youtube、股权众筹等被称为共享经济的典型案例。共享经济的特征如下：一是分享的标的物。主要是闲置资源，包括闲置物品、碎片时间、认知盈余（未被充分使用的知识与专长、技能和经验、关系与服务）和资金盈余、闲置空间与公共服务。海量指资源的广泛性及其庞大的数量。分散指多数来自未被整合协同的个人资源或者是信息不对称的沉没资源。二是实现的方式。基于互联网、IoT、云计算、大数据等构建平台，形成规模与协同，以更低成本和更高效率实现经济剩余资源智能化的供需匹配。这是共享经济的核心。三是实现的结果。共享经济平台可以使得前述闲置资源实现经济价值与社会价值的创新，过去大量的资源并未进入价值创造的体系，同时共享经济可以在可持续发展、生态、就业、协作、文化等方面产生积极正面的影响。此外，分享标的具有私有权或公共服务属性。

共享经济包括不同人或组织之间对生产资料、产品、分销渠道、处于交易或消费过程中的商品和服务的分享。这个系统有多种形态，一般需要使用信息技术赋予个人、法人、非营利性组织以冗余物品或服务分享、分配和再使用的信息。一个通常的前提是，当物品的信息被分享了，这个物品对个人或组织的商业价值将会提升。便利、参与感和信任是推动共享经济发展的主要因素。

共享经济的核心特征主要有三个：产能过剩的产物，让过剩产能重新得以进入生产循环；平台共享，让众多的共享产能得以在平台上交易；人人参与，每个个体都有机会在平台上交易。

共享经济的驱动主要有以下几种：

客户驱动：有效降低客户使用的成本，使用而不占有。

剩余价值驱动：即分享者拥有对某种东西多余的使用价值，这是共享经济存在的物质基础。只有存在剩余，才可分享。

信任驱动：普惠共享以信任为前提，将重构供给与需求之间的衔接。

平等与自愿驱动：分享者与被分享者之间是完全平等、自愿撮合与成交，不存在第三方影响力，不存在甲方乙方，他们是一种合作的关系，是利益共赢者，而非买者与卖者的对立关系。

平台驱动：借助各种平台，闲置资源得以再利用，平台通过制定规则撮合交易、提供信息再次参与价值分配。

数据驱动：通过对平台用户数据、交易数据、财务数据、产品数据进行分析挖掘，可以有效辅助决策，用以指导行业生产和销售。

体验驱动：建立与解除分享关系简单。加入分享平台完成分享，或者离开分享平台，都很简单，不像解除一种公司雇佣合同或者交易合同一样程序复杂。决定建立或者解除共享关系的关键影响因素是体验和参与感。

价值驱动：闲置资源、过剩产能可以参与价值创造，认知盈余、闲暇时间可以价值化，连接本身就具有价值，可以使交互更具意义。

另外，从共享打车到共享雨伞，从共享旅游到共享用工，并不是所有的经济都可以共享，支撑共享经济发展的有三大基石，分别是信息要对称、平台要公开透明、人人参与共同协作。

信息对称：对普惠共享而言，降低信息不对称将有助于资源的聚集、资源配置、建立供需连接、提升用户体验、提高交易成功率。

平台规则：好的平台规则有助于供需双方的有效匹配，公开透明的规则是好的平台的有效保证。

协同协作：参与者彼此依赖，与平台方共建共享，形成协同消费、协同创新。共享经济的前提是不影响所有权。

共享经济的本质是一种使用权的分享。明晰的产权保护和隐私权、安全性保护，是分享者愿意进行使用权分享的前提。

（二）智能商务发展的加速普惠化

从传统商务到智能商务，从共享经济到普惠经济，智能商务的发展为大规模普惠化创造了条件。科技是第一生产力，智能语音人机交互为残疾人提供了普惠，自然语言处理为大旅游带来了普惠，VR技术为远程医疗带来了普惠。一部信息技术的发展史，就是不断走向普惠化的历史。互联网的发展使得人与人之间的距离不再遥远，社交、消费和娱乐变得更加便利。智能技术的发展使得人机交互、网络协同、生态协同成为可能。

在智能商务环境中，"人人参与、共建共享"的特点实现了普惠贸易、普惠科技、普惠物流、普惠金融。各种智能终端、传感设备、人脸识别把消费数据、交易数据、生产数据、经营数据进行智能加工，算法在不断优化，决策更加科学合理，数据的普惠让商家节约了生产时间，提高了交易效率，让消费者在更短的时间得到了自己定制的产品。人工智能的发展让机器"听懂"人话，云技术的发展降低了技术门槛，区块链的发展实现了去中心化，社会变得更和谐。

（1）5G及通信技术发展促进信息及万物互联的普惠化，从20世纪80年代通信1G模拟时代进步到90年代的2G数字时代，从2000年的3G移动互联网规模商用到2010年4G的数据流量开放，再到现在的5G进入万物互联时代，5G将会引导信息的普惠互联网向价值普惠互联网转移，实现万物互联向万物智能的转变，可打破信息壁垒，实现信息互联网全民普惠。

（2）物联网的发展促进了智能商务，把普惠从人与人之间推向更为广阔的人与物、物与物之间。物联网的发展使得万物互联、人机协同、网络协同成为可能。在人工智能区块链的赋能下，在智能商务的平台上，物联网在三个方面发挥重要的普惠作用：第一，通过智能商务的智能设备如手机、Ipod等智能终端及智能传感器、RFID、人脸识别等技术收集信息、感知万物，从而实现信息搜集的普惠化。第二，在智能商务环境中，利用智能语音技术、自然语言理解，利用自身或边缘计算节点的能力通过算法模型进行分析和计算，并将计算出来的有价值信息进行普惠化分享，帮助决策和降低成本。第三，利用智能商务平台，实现设备与设备之间、设备与人之间进行人机交互、网络协同。物联网突破了单一智能产品的界限，使得系统智能成为可能，从而延伸了普惠价值。

（3）云计算促进算力普惠化，有力地促进了IT技术革命，间接促进了组织变革。云计算的出现解决了传统IT设备大量部署而算力有限的困境。成千上万台的服务器能够通过虚拟化和分布式计算等技术随需提供计算和存储能力，通过SaaS、PaaS、IaaS的服务形式为商家提供服务，如百度提供的搜索引擎服务，谷歌提供的GoogleDoc、GoogleApps服务等。云计算的出现将IT设施变得像水电公共设施一样方便，不仅降低了企业的使用成本，缩短了应用开发时间，提高了使用效率，而且使单体看似无价值的数据汇总到云平台上，通过大数据分析而产生巨大价值，"云—管—端"成为数字经济时代的基础设施，促进了IT设施的普惠，加快了智能商务发展，有力促进了数字技术与实体经济的深度融合。

（4）区块链促进了信任的普惠化，信任是稀缺资源，交易双方通过去中介化交易一直是难题。区块链技术的出现，凭借其分布式、去中心化、不可篡改、集体维护、安全性等核心特征，有助于信任的普惠化，如通过区块链建立契约凭证的可信存证，可自动执行的智能合约利用信任机制建立金融的普惠化等。

（5）智能语音、自然语言处理等人工智能有助于算法的普惠化，人工智能技术提高了智能商务的效率，通过各种智能终端、智能传感设备自动提取智能商务交易数据、消费数据、运营数据，并进行智能分析、提取有价值的信息，不断优化算法，让系统更加智能。事实上，智能音箱、城市大脑、智慧零售、智能客服都是智能的产物，是人工智能带来的实惠价值。从大型机时代到PC时代、从互联网时代到智能化时代，服务器、网络流量、存储的增加、智能终端成本的降低或处理能力的增加，无不是数字技术普惠化的推动力量，共同推动智能商务的高速发展，推动商务从封闭走向开放，从独享走向共享和融合。

（三）共享单车存在的模式问题及解决思路

共享经济是互联网经济下的新型经济模式，作为新四大发明之一的共享单车就是依托移动互联网技术搭建信息平台，解决"共享"的信任问题；通过"分时租赁"分离商品的所有权和使用权，降低消费者的使用成本，实现"经济"效益。

（1）政企合作，实现资源合理配置。共享单车作为公共出行服务，受到政府的监控和管制，停放区域、单车（公众财物）监管、车身广告等都应受政府监管，避免企业为了盈利而采取扰乱城市秩序的手段。政府应该出面整合各家共享单车商，对于停靠区域投放数量进行大数据模拟测算，并对管理规范企业进行一定的社会补贴，通过政企合作，可以对资源进行合理的配置，保证共享单车行业健康可持续发展。

（2）优化商业模式。共享单车的重资产问题、盈利问题要靠企业自己优化解决，有了一定用户的共享单车企业可以与采购商进行对赌，也可以通过广告或其他衍生业务来增加企业的盈利能力。

（3）完善信用体系，促进资本增值效益。信用体系对于购销双方来说都是一个重要问题，对于大数据对消费者出行路线进行优化设计，以技术为驱动来构建全面可靠的信用系统，建立企业和消费者的信用体系，增加消费者的破坏成本，减少企业的运营成本，还能实现对押金的合理利用，让闲置资本发挥增值效益。押金对于共享单车企业来说是一块"看得见吃不着"的大蛋糕,对于用户来说是一个重要而又敏感的话题,这其中的关键就是信任机制。

(4)发展生态体系,优化上下游资源。可以通过向前一体化或向后一体化策略,上游与阿里、腾讯合作成为生态链,下游可以与其他企业共享客户资源、共享资源和技术,发挥各自的优势能力,利用规模和资本的溢出效应,实现"1+1>2"的协同发展效应。

共享单车以网络平台为依托,通过互联网技术将自行车资源在供方和需方精准匹配。随停随取、智能锁和便捷的移动支付使它克服了传统自行车的弊端,帮助人们解决了出行"最后一公里"的难题,实现了资源的高效利用,成为现代城市不可分割的出行方式之一。面对目前的困难,解决问题才是王道。

(四)区块链"互赢共生模式"的优势

"企业对客户关系进行智能化管理,可以优化企业客户资源,并且加强整个企业供应链的共生关系。"[①]共享经济是移动互联网时代的产物,特别是随着物联网、大数据、云计算等技术进一步发展,共享经济呈现出高速增长之势。与此同时,其发展过程中出现了诸如资源配置效率低下、资产和服务质量不高、资产安全无法保障、资产不透明、平台信用体系不完善等问题。区块链技术的分布式记账、不可篡改、可溯源、机器信任等特性,与共享经济发展需求高度契合。区块链的爆发使共享普惠价值溢出,普惠经济也是一种集约型经济、绿色经济、共享经济,它能高效对接供需资源,提升闲置资源利用率,实现节能环保。目前全世界共享经济发展如火如荼,我国共享经济的市场规模也在持续扩大。共享经济特有的低成本、低消耗、高利润等特点,完全符合现代消费者的需要,但其监管和安全保障仍存在弊端。共享经济本质上是陌生人之间的交易,那么交易的信任从何而来?这时候,第三方提供信任保障和承诺兑现的平台便应运而生,通过搭建和维护技术平台,它们聚合、重组、分配零散的资源和需求,核实供方和需方的真实身份、专业资格及背景资料,提供交易信息、支付工具和点评记录,最后促成双方交易。有没有一种技术解决方案,能够完全去除交易双方之间的中介?是否存在一个系统,使人能够与任何人直接进行交易,并免受欺骗,同时无人拥

---

① 韩艺.基于大数据的商务管理现状与发展趋势探讨[J].中国商论,2016(34):126.

有该系统，因此没有佣金收取方呢？区块链技术使解决上述问题成为可能。

智能商务里的区块链因其卓越的技术特点——公开透明、唯一性和安全可靠、去中心化、智能合约、集体维护可以快速渗透共享普惠领域，而区块链的核心——互信和共享，则与共享经济的理念完全契合。因此，我们有理由相信区块链一定可以在共享经济领域大显身手，从而推动共享经济向更高的阶段发展。

1.区块链的核心特点

区块链作为一个去中心化的一致性共享数据账本，整个系统对集体都是公开透明的，它将让共享经济变得更加容易。如果能将智能合约运用于自行车租赁、房屋共享、共享单车等领域，将会给整个行业带来全新的改变。

互联网的本质是连接、共享、去中心化。在中心化的世界里，大家都知道月亮围绕着太阳转、个体服从于整体。共享经济的发展完全符合互联网的本质。共享经济重塑从政府到企业再到个人，每一个社会领域的商业形态乃至思维方式。共享经济是互联网时代，精准匹配供需双方，实现信息撮合的一种商业模式。为有价值的闲散资源、零散时间、特殊技能创造一个共享环境，以达到供需匹配的便利。

去中心化是区块链的核心特征，去中心化并不是反中心，实际上是分中心。其价值在于促进各行各业的中心化机构之间达成共识、构建联盟，形成多个中心组成的商业生态圈，这样的生态系统突出中心的职能，简化了中心化机构运营成本。同时，区块链去中心化的作用正开始在各个金融领域得到广泛运用，它也将成为普惠金融发展的催化剂，不仅大幅节约成本，同时也极大地提升了共享经济、普惠经济的效率。

2.区块链解决了共享难题

共享经济、普惠经济建立在大数据的基础上，而获取大数据会涉及太多的隐私，甚至包括企业、政府等重要数据。区块链则解决了数据共享的难题，区块链是一种去中心化的、高保密的、完全不需要人掌控的技术。安全性由计算机系统控制，而不是由某一家企业或公司控制，也不是通过法律控制。用计算机控制安全，就真正解决了人工智能最底层的数据共享问题，通过这样的方式，未来人们才可以大胆使用人工智能。未来人工智能、区块链将携手改变世界。

共享经济在全球一路攻城略地，"哪里有痛点，哪里就有共享的空间"。展望下一个"风口",教育、医疗、知识、物流、技能等众多领域都有很大的共享空间。

3.区块链自动执行智能合约降低契约建立与执行成本

区块链是分布式数据存储、P2P传输、加密算法、共识机制、全网维护等一系列技术融合在一起的新的应用模式,它本身不改变现有互联网的架构,只是在互联网的基础上做了一层安全高效的信任化保证,借助智能合约技术能够自动执行满足某项条件下的操作,也能够使得更多商品"共享",大幅降低契约建立和执行成本。从信息互联网到价值互联网是区块链的重要特征。

4.区块链"互赢共生模式"的价值创新

区块链通过价值重组、协调运行和利益合理再分配三大核心机制与共享普惠关联产业和谐共生。

共创:通过区块链聚集全社会各类资源,使每一个具有科学思维和创新能力的组织或人都可参与创新,形成大众创造、释放众智的新局面。

众包:借助互联网等手段,将传统由特定企业和机构完成的任务向自愿参与的所有企业和个人进行分工,最大限度利用大众力量,以更高的效率、更低的成本运营。

共扶:汇集大家的力量互助互扶,构建良好商业生态。

共享:通过社会资源的重新优化排列组合为企业和社会创造更大价值,让参与者共享增值。

5.区块链采用的非对称加密解决信用问题

解决信用机制也是共享经济的一个重要难题,区块链能轻松解决用户的信任问题,打破了共享经济的信任障碍。区块链非对称加密技术的应用和分散化信任允许个人之间直接互联、共享和交易,它是一个真正能够实现对等交易和共享经济的平台。在区块链中,信息的传播按照公钥、私钥这种非对称数字加密技术实现交易双方的互相信任。非对称加密技术是区块链技术体系中很重要的一部分。非对称密码的特点:算法强度复杂、安全性依赖于算法与密钥,但是其算法复杂,而使得加密解密速度没有对称加密解密的速度快。对称密码体制中只有一种密钥,并且是非公开的,如果要解密就得让对方知道密钥,所以保证其安全性就是保证密钥的安全,而非对称密钥体制有两种密钥,其中一个是公开的,这样就可以不需要像对称密码那样传输对方的密钥了，这样安全性就大了很多。

6.区块链解决共享平台的独立化问题

从传统经济到共享经济是一个"去中介化"和基于共享平台的"再中介化"过程。近年来，随着共享经济模式Airbnb、Uber的出现，在其发展的过程中依然存在很多的问题。例如，行业平台独立化、服务断裂化等问题严重阻碍了共享经济模式的发展，而利用区块链技术可以很好地解决这一问题，因此，区块链技术促进了共享经济模式的创造，是共享经济、普惠经济的下一站。

在当今这个资源稀缺的世界里，共享经济利用已有的资源，如有形资产、技术、网络、设备、数据、经验和流程等，这些组织可以以指数级成长。而区块链重新丰富了我们对于资产、监管、管理的理解，再次把共享普惠推向更高的程度。

技术从不因人而停滞，人却可以因技术而解放。未来，随着互联技术的不断进步，信息传输速度和软硬件性能的不断提高，相信区块链终将克服所有障碍，而成为最有效、最流行的技术方案，其所蕴含的全新的制度机制也必将绽放出人类文明之花。

四、生态协同数字化转型的发展路径

从传统经济到数字经济，从传统商务到智能商务，企业之间的竞争经历了二代，第一代是渠道的竞争，传统经济思维的核心是渠道为王，占有渠道就是赢家，就意味着影响力，就直接反映在销量的增长上；后来互联网来了，线上线下O2O整合成为常态，点击决定业绩，流量决定销量，在各种电商平台上，点击率直接体现在浏览量上，而流量更是销量的直观体现；而今天智能商务时代，数据重构商业，体验改写未来，用好人工智能、大数据做生态布局是当今时代数字化转型的核心。从万物互联到万物智能，正在推动产业互联从线性产业链向智能生态群演进。随着智能商务、人工智能的大力发展，传统产业正在发生解构，发展的主要特点如下：

基于交易的数字化：线下生意正式走向线上，首先在消费端发力，数字化平台如淘宝、京东、苏宁易购、美团等；数字化营销如网页广告、微博营销、微信朋友圈营销、抖音带货等；数字化交易如支付宝、蚂蚁花呗、京东白条等；数字化物流如智能仓库、电子回单、无人机配送等。如今，消费数字化正向产业数字化加速转移。取而代之的将是产业化数字化生产，如智能传感器、智能能源管理、物联网设备；产业化数字化营销如平台广告、自媒体营销、大数据营销；产业化数字化交易如企业电子支付、电子合同、区块链发票；产业化数字化管理如智能订单管理、智能测评、数字人力、智能财务等。

基于交易的智能化：智能终端、RFID、云平台、人机交互、网络协同、智能传感器、数据分析、生产自动化、智能工厂、私人定制、S2B2C、自动化推荐等正在替代传统的人工，智能革命正在一点一点地发生，不断改写智能商务的版图。

线上线下的融合化：传统的线下生意和线上生意正在加速融合，单纯的O2O已经让位于OMO，线下的商家通过美团、自建App、阿里等平台加速向线上转移。线上的企业通过自建或加盟等方式加速线下布局，如携程在线下开的旅游推介网点、京东小店、阿里小店等。传统的单独线上或线下的生态很难存在。

平台革命在加速：全球设计平台、远程定制平台、智能服务平台与分散生产平台正在改写传统的线性生产链，实现产品全生命周期的生产与服务。设计人才、生产设备、终端产品和终端用户分别与其对应的上下游平台连接，实现信息对称。分散化生产设备通过智能化生产流程生产所需产品，并通过智能物流系统把产品送达用户手中。智能家居平台、无人驾驶平台、智能商务平台正在不断攻城略地。

数据正在变成新的"石油"：在智能商务系统中，数据正在不断发挥价值，各种商务智能工具借助RFID、Wi-Fi智能终端、智能传感设备与系统开始基于平台进行智能分析、精准推荐、撮合交易、个性化定制、数据价值交换。企业在研发、采购、生产、营销、用户使用、企业管理的各个环节获取的数据，借助各种数学模型和智能算法，通过数据分析、数据挖掘，从生产经验、隐性知识等提取有价值信息并让结果显性化，继而对生产和企业变革产生重大影响。

（一）数字化转型的动力及挑战

一场数字革命正在世界市场全面推开。从世界范围来看，经济的新形势，加上受到新兴技术公司的冲击，传统企业向数字化转型升级的趋势越发成为共识。数字化转型已经不是选择，而是唯一出路。数字化转型的概念代表了革命和机遇，尤其在竞争加剧的今天，为了生存，传统企业需要获得可持续发展的能力。而通过转型，一方面企业可以借助数字化创新，加快内部流程、业务模式等方面的变革；另一方面通过变革，企业逐渐转变成为由数据驱动的组织，意味着企业决策和发展更具洞察力。

数字化转型已经无处不在，当下，数字化转型已经渗透入人们日常的衣食住行、工作生活、生产服务等方方面面。例如，智能夹克，将互联网技术充分运用到袖口中，在骑车过程中可通过轻拍袖口将蓝牙与手机相连，播放音乐，彻底将技术运用于无形之中。在汽车运用方面，百度汽车、小鹏汽车已经将自动驾驶、新能源、数字技术等充分融入汽车当中。此外，还有智能烹饪系统、自动洗衣机器人、自动机器人的铺路技术等均是数字化转型的典型案例。

企业数字化转型的三大动力：一是宏观环境。目前，中国市场整体经济增长速度正在下滑，增速下滑对于所有行业都会产生较大的影响。二是市场竞争激烈。在中国市场，企业大多通过价格战的形式抗衡竞争，这一竞争形势将影响所有行业，导致市场竞争异常激烈。三是用户需求越来越个性化。需要为用户提供个性化的产品和服务。

从全球角度来看，政治经济波动持续、逆全球化趋势抬头、技术加速变革商业等因素促使企业需要数字化转型。一是文化复兴，涉及影视、动漫、娱乐、知识付费、电子图书、出版等。二是科技引领，未来科技将与实体经济相结合，智能制造、生物科技、海洋、天空等领域都会受益。三是创新驱动，创业成本降低，创新、创业氛围良好。四是全球布局，中国"一带一路"建设及自由贸易区这两大方向将支持中国整个全球布局战略，良好的政治关系将为中国的IT厂商及行业用户提供巨大的成长空间。五是民生为本，将更加强调节能、环保、教育、医疗，大健康产业在未来有非常大的成长空间。

数字化转型为什么会引领企业的未来？企业业务范围呈现金字塔结构，最顶层是智能决策，强调实现决策模式创新；第二层是智能研发、智能管理、智能物流，强调实现运营模式创新；第三层是智能生产线、智能车间、智能工厂，强调实现生产模式创新；第四层是智能装备、智能产品、智能服务，强调实现产品服务创新；第五层是数据挖掘与分析服务、投资与融资服务，强调盈利模式创新。这五大创新分别对应数字化转型的五大方面：一是管理模式转型。数字化转型一定是业务转型，而业务转型则需要"一把手"的参与和决策。二是运营模式转型。三是工作资源转型，需要整合外部资源。四是全方位体验转型。需要满足用户的个性化需求，提升用户体验。五是信息与数据转型。信息与数据在未来将直接产生收入。

数字化转型涉及企业的方方面面，传统企业转型数字化主要面临五大挑战，具体如下：

（1）缺乏清晰的愿景，简单理解智能商务=智能+商务，数字化转型就是数字化，没有明确的战略路线图。

（2）孤立的组织架构，缺乏业务协同能力，僵化的组织体系使得组织与企业缺乏跨业务部门的协调能力，公司的潜能不能最大化，变革的速度也受限。

（3）短视的技术规划，以为技术就是一切，以为数字化转型就是建立技术平台，片面强调数字系统价值，以技术取代管理。

（4）不足的创新协同，平台需要各部门协同，人机协同、生态协同停留在会议上，流于形式。

（5）陈旧的考核体系，智能商务企业更关注的是OKR而不是KPI，更多关注员工成长。

企业通过数字化转型带来的好处也显而易见，会创造出新的商业模式和数字化产品，创造新的价值。主要体现在：一是产业数据资产化，实现数据的直接或间接变现，如各类型大数据交易所；二是延长产业链、拓宽产业范围，如以大数据为核心催生出数据挖掘、分析预测服务、决策外包服务等；三是利用数字化技术应用创造服务新业态，激活新动能。

（二）数字化转型的路径与误区

在新旧动能转换及数字技术不断冲击的当下，企业亟待找到新的增长点，而数字化转型就是极为有效的方式。

传统企业的数字化转型，除了避免战略不清、模式不明和组织不力三大症结外，还要充分认识到转型过程中可能遇到的凶险，在时机选择和操作过程中注意稳扎稳打，避免剑走偏锋，最后折戟沉沙，走入误区和歧途。

误区一：数字化就是搭平台，建设App，或数字化就是开发系统，或数字化就是开发线上商城。它们认为数字化很容易，就是花钱做个系统，这些企业中有的还是传统领域中做得很成功的,一上来就要做一个大平台,结果死得很惨。比如,富士康集团为了做线上电商平台花了几个亿,万达为了做电商平台,与腾讯、百度一起成立"腾百万"公司,花了很多钱,换了许多人,也没有做起来,最后团队解散。

误区二:数字化转型就是运用智能改造或软件升级。并非任何工厂、任何流程、任何岗位每一个业务模型都需要进行数字化转型。数字化转型并不是简单的一次软件升级、智能改造或供应链的优化。它更像是针对原本运行平稳的系统发起的一次数字化冲击。在数字化转型前必须做好充分准备,是在对业务和公司实际情况认真评估的基础上,利用算法反复建模进行测算,利用仿生技术进行模拟,然后在此基础上做创新及实证。

误区三:数字化转型就是技术上升级迭代。数字化转型是一次战略调整,是"一把手"工程,上级领导公开的、稳固的、长时间不动摇的支持是转型的重要保证,在转型过程中远比想象中要难很多。

实体企业数字化转型路径:依托在对产业资源和产业互联网的理解,一类企业将自身实践转化为对外合作的产业互联网平台,如华为Fusion Plant工业互联网平台、徐工的工业云平台、海尔的Cosmoplat平台;另一类企业则依托在消费端的数字化能力,向上游对生产端进行数字化改造,如青岛红领集团。这些数字化企业平台基于IT的云服务平台及通用PaaS平台,通用性强,是将各个行业领域的知识与经验沉淀为数字化模型,并以组件形式供开发者调用。数字化模型是影响工业数据分析深度的主要因素,是工业PaaS平台核心。

互联网企业有先发优势,利用在互联网上积累的技术、资本、用户、品牌等资源禀赋,利用中国传统行业高度分散、中小企业占比较大的客观现状,加强对传统企业的整编,做成横向一体化平台或纵向一体化平台。如阿里巴巴集团通过阿里云大数据平台进行支撑,对天猫、淘宝交易的数据进行精准分析和智能挖掘,对制造业进行指导,工厂数据线上化,实现C2B与柔性供应链,并将制成品通过菜鸟直达用户,实现厂家零库存,并根据需求提前预警,帮助制造业企业提高效率,降低成本。

一些具备互联网思维的企业,通过企业平台实现用户、生产、供应链、物流的数字化管理,形成横向或纵向的产业化协作,如小米公司;还有一些企业利用柔性供应链，企业内部划小，做成各个作战单元，对市场快速反应，如韩都衣舍等。

事实上，数字化转型远比想象中难，需要有强大的领导支持、良好的体系和流程、清晰的愿景及高度的激情和动力。数字化转型只有在强大的领导力推动、自上而下给出清晰有力的方向下，才能激发全员动力。海尔董事局主席张瑞敏曾在公司内部讲了八字方针，转型就是"自杀重生、他杀淘汰"。转型道路上任重道远，认识到不去做，也会错失机遇，曾经诺基亚很早就发现了触屏手机，但由于内部利益未能及时转型，只用了4年，市值蒸发了千亿美元，从神坛跌入被并购的命运。

（三）数字化转型的战略步骤

数字化转型大势所趋，一切皆变，一切皆存在。身处当下瞬息万变的市场环境中，数字化技术催生的商业模式应接不暇，数字化技术的广泛应用重构了消费者、企业、员工、合作伙伴之间的价值链，也重构了企业管理的思想和理论。数字化革命不仅深刻影响着我们的日常生活，同时也冲击着企业传统的业务流程。随着互联网逐渐渗透到各个行业，企业管理者已普遍认识到了数字技术的价值，以及这些技术对改善企业运营流程的巨大潜力。为了将数字技术真正运用到企业产品、服务与流程中，无论是高科技行业还是传统行业的企业都纷纷开始了自己的数字化转型之旅。

（1）制定数字化转型愿景。清晰的愿景是企业成功的一半，在做数字化转型之前，一定要明白为什么做数字化转型，5G物联网使得人与人、人与物、物与物连接成为可能，人工智能又使万物互联变成万物智能，在这个过程中，消费者的消费需求、行为习惯正在不断发生变化，他们对个性化的渴求及更好的体验、更好的质量的渴望正在改写竞争版图。如何清晰定义数字化转型目标意义重大，它要求企业领导对未来技术发展方向、行业发展趋势、消费者变化规律等因素进行综合分析，并对公司的能力大小、资源禀赋进行合理评估，定义本公司最优的数字化目标。在制定目标过程中，要基于公司长远战略，分阶段分批实行，目标要简明扼要清晰，如提升运营效率（效率提升20%）、驱动收入增长（销售额增加40%）、建立合理的收入结构（存货周转率提升50%）等。

（2）结合最新ICT技术深度探索优化企业的商业模式。5G物联网、人工智能、大数据、云平台、区块链技术爆发为商业模式优化提供了可能，结合最新的技术与业务深度融合。例如，可以通过数字化扩展产品和服务类别，如小米智能音箱，通过音箱可以智能唤醒其他智能产品；也可以用数字化产品替代原有产品和服务，如胶囊胃镜替代传统胃镜；也可以创造新的数字化产品和服务，如VR远程医疗实现远程辅导；也可以用数字化转移价值主张或者用数字化创造新的客户体验或者是重组供应/分销链等。

（3）优化并建立适应并支持数字化转型的组织架构。在目前的数字化转型大潮中，组织创新层出不穷，海尔实行的是倒三角制，强调客户价值；阿里采取的是客户第一、员工第二、股东第三，把客户放在第一位；韩都衣舍采取的是小组制，贴近市场；腾讯采取的是内部创业制，鼓励员工创新。

（4）优化建立新的适合数字化转型的绩效考核体系，数字化企业更关注的是OKR而不是KPI，更多关注员工成长。传统企业老板关注的是关键绩效指标（Key Performance Indicator，KPI）体系，KPI是通过对组织内部流程的输入端、输出端的关键参数进行设置、取样、计算、分析，衡量流程绩效的一种目标式量化管理指标，是把企业的战略目标分解为可操作的工作目标的工具，是企业绩效管理的基础。KH主要有财务KPI、业务KPI、运营KPI等，但数字化企业更关注的是OKR（Objectives and Key Results），即目标与关键成果法，是一套明确和跟踪目标及其完成情况的管理工具和方法。OKR相比KPI更强调基层员工的创造力，目标确定首先是让基层员工讨论自己的目标、部门目标，再汇总公司目标，这是一个自下而上的过程；随后再进行自上而下的目标的分解，公司目标的载体是战略地图与BSC，同样可采取群策群力的"目标分解研讨会"的形式来进行，其意义在于充分保证上级（分管领导）和下级（部门经理）在分解部门与员工目标时获得充分沟通的环境。

互联网时代的信息互联技术首先彻底打破了沟通壁垒，从而加快了外部市场、消费者需求等环境的演进与变化速度；将战略目标与绩效指标设定在做好长、中、短期的平衡。OKR根据公司中长期战略分解年度目标，首先实现长期、中期目标的联动，同时为了确保年度目标的实现，OKR可以结合外部环境的短期变化，以季度为单位调整季度目标，并讨论支持季度目标实现的关键工作成果（KRs）。

（5）创造数字化转型适合的场景氛围，统一思想行动。企业需要在全公司上下提升各方对数字化转型的认同感，并提升到公司战略高度进行宣讲，上行下效。同时在文化上宣扬数字化思维方式，并对员工进行相应的数字化知识培训：在公司管理上倡导数字化管理氛围，强调ERP、OA等数字化系统的效率性；在内部流程上以数据进行驱动；在合作方面开放能力，引导建立合作生态；在工作模式上进行人机交互和生态协同。

（6）创立并固化数字化转型的创新文化。要想数字化转型成功，就要积极创造转型创新文化，一开始就要旗帜鲜明地认识到转型从来都不是一蹴而就的，可能需要很长时间甚至几代人的努力，要充分认识到转型的艰难性、崎岖性，因此在文化上倡导就显得特别重要。要倡导一个适应变化更快、协同合作水平更高、风险接受意愿更强的数字化企业文化，这主要体现在以下两个方面：团队内部形成一个合作氛围，鼓励各方通过合作的方式（内部和外部）来更好、更快地解决企业遇到的问题，人机交互、网络协同；鼓励创新的工作方式，形成新的电子化员工行为。在企业内部提升对数字化转型的认同感、打造数字化思维、培育数字化能力，从而建立起可持续的数字化商业模式和运营模式。好的文化使人如沐春风，也更容易成功。

在"数字中国"的大潮中，数字化转型已成为每个企业的当务之急。借力数字化打造和提升竞争力，企业将在数字时代迸发出更大的活力。

将以上六大步骤措施梳理清楚，然后再行动，在行动过程中要注意以下几个细节：一是起步要小，聚焦核心优势；二是迭代要快，发挥速度优势；三是战略上藐视"敌人"，战术上要重视"敌人"。

第四章　商务智能与管理创新

第一节　商务智能中的知识管理

一、知识管理的认知

（一）知识管理的发展时期

"商务智能通常被理解为将企业中现有的数据转化为知识，帮助企业作出明智的业务经营决策的工具。"[①]知识管理存在于人类文明进化的整个过程之中。在人类文明及社会发展的不同时期，知识管理所面对的基本问题也各不相同。同时，由于管理水平的差异，不同时期所能解决的问题和所能达到的层次也大相径庭，因而逐渐形成了知识管理的不同发展阶段。很多学者对知识管理的发展阶段展开研究，其中有代表性的研究将人类对知识的管理活动置于相应的经济发展阶段中进行考察，并将近代人类对知识的管理分为以下四个典型的发展时期：

第一个发展时期（1890—1940年）：文献储备管理。在该发展阶段，人类社会赖以生存的物质基础紧紧依赖于农业经济，无论是在生产力上，还是在生存效率上都相对落后，因此各个领域的知识管理必须通过图书馆、档案馆等社会公益性机构进行记录、管理、流通。对此，一些专门性学科也应运而生，用来培养这一方面的专业型人才，如档案馆学、图书馆学等。

---

① 刘斌. 大数据时代下如何打造个性化的商务智能实践 [J]. 中国商论，2019（22）：21.

第二个发展时期(1940—1975年):技术管理。在该发展阶段,人类社会开始由农业经济为主导开始转向于大规模发展工业经济,机器生产逐渐普及,生产力和生产效率大幅度提升,因此之前的知识管理模式已经不再适用,电子信息系统开始呈现出管理优势,像企业内部管理信息系统(M1S)、信息自动化管理系统(IOA)等管理模式受到多个领域企业管理者的青睐。对此,信息管理学、情报学等专业成为培养这一领域内专业型人才的主要途径。

第三个发展时期(1975—1997年):信息资源储备管理。在该发展阶段,互联网、计算机、各种多媒体设备的出现使得整个社会的生产力和生产效率得到了飞速提升,信息的传播速度和范围也随之扩大,因此更新已有的知识储备模式十分必要。鉴于此时的信息管理内容越发丰富,包括了信息用户、信息传播链条、信息加工等内容,呈现出了综合性、复杂性、全方位的管理特征,这也就要求对应的管理模式上要更加科学、更加技术化,以及信息管理的理论系统更加专业化。

第四个发展时期(1997年至今):知识管理。在该发展阶段,人类生活的物质基础已经相对丰富,所以对应的上层建筑也急需同步发展,知识经济开始崭露头角,并迅速发展成为社会主流经济形式,加深了人们对于知识资源的尊重与重视,对于社会的整体性向前发展起到了重要的推动作用。当前,越来越多的组织机构将经济运营、资本管理、产业结构更新等环节引入知识管理相关的优秀理论和实践经验,知识管理逐渐实现科学化发展。

作为人类对知识的管理活动的最高级形式和最新发展阶段,知识管理学科被提出并被认同的时间并不长,但早在1965年,著名管理学家彼得·德鲁克(Peter Drndcer)就提及,知识在未来将与机器设备、原材料,或劳动力等资源一样,成为企业关键的生产要素之一,因而"知识型工作者"也将逐步取代传统的劳动工作者,为企业创造更多更有价值的经济效益和社会效益。20世纪70年代,许多著名的管理学大师为知识管理的诞生发挥了重要的促进作用,其中最著名的有美国的彼得·德鲁克、保罗·斯特阿斯曼(Paul Stmssmann)和彼得·森格(Peter Senge)。彼得·德鲁克和保罗·斯特阿斯曼均指出了将信息与显性知识作为一种组织资源的日益增长的重要性,而彼得·森格则着重突出了学习型组织的概念,并将其视为实现知识管理的关键措施以及知识管理的核心目标之一。1986

年，在联合国国际劳工大会上，瑞典的斯威比（Sveiby）博士首次提出知识管理（Knowledge Management，KM）概念，因此他也被业界称为"知识管理之父"。

知识管理若想发挥出功能作用，就必须要以相对性的信息技术作为支撑。一方面，知识管理所包含的一系列内容以技术成果的形式呈现是最便捷的、最简单的；另一方面，随着信息型社会的形成，每分钟都会在全世界范围内产生数以万计的信息内容，所以信息过载的问题不可避免，而且只有技术是目前最有潜力的解决方案。而人们发展技术最初的目标确实只是攻克信息过载这一问题，但是随着技术发展，其在知识管理系统的开发、创新、普及等方面都呈现出了非常大的应用价值。20世纪80年代，人工智能和专家系统等技术的发展对知识管理的产生发挥了较大的作用，推动了一些知识管理的基本概念，如知识获取、知识工程、知识库系统和基于计算机的本体论等的产生。20世纪90年代中后期，随着互联网的普及，知识管理开始得到大面积的推广和普及。1989年成立于欧洲的国际知识管理网络（International Knowledge Management Network，IKMN）在1994年建立了知识管理官方网站。随后，美国的知识管理论坛及其他相关组织和出版物也纷纷加入该网络。之后，欧盟于1995年通过了欧洲信息技术研究和开发战略专项计划（ESPRIT），首次对知识研究项目进行资助。在这一系列举措中，对知识管理宣传和普及贡献最大的要数日本学者野中郁次郎（Ikujiro Nonaka）和竹内弘高（Hirotaka Takeuchi）于1995年出版的名著《知识创造型公司：日本公司如何建立创新动力机制》。在日本企业界，野中郁次郎为日本富士通、三井物产等企业在应用知识创造理论提高竞争力方面提供咨询。由于成绩斐然，他被国际学术界誉为"知识创造理论之父"以及"知识管理的拓荒者"。

随着知识管理理论的成熟和方法论体系的日益完备，产业界也将其视为对业已失败的全面质量管理和业务流程重组活动的一个补救措施，这一措施刺激了社会对知识管理产品与服务的需求。例如，在此措施的推动下，安永（Ernst &Young）和安达信（Arthur Andersen）等著名咨询公司的知识管理类咨询业务量猛增。与此同时，基准研究、风险管理、最佳实践、变革管理、情报学等交叉领域的专业学术性组织也大量开展知识管理与各专业领域之间关系的研究，其中典型的组织是美国生产力与质量中心（America Productivity and Quality Center，APQC）和美国情报科学学会（American Society for Information Science，ASIS）。

自此,知识管理迎来了一个大发展的时期。对于中国而言,1998年年初,知识管理的概念与思想伴随着知识经济的兴起进入我国,并受到我国学术界和产业界的高度重视,随后经过十几年的高速发展,目前知识管理在我国已步入推广和普及阶段。

（二）知识管理的重要性与必要性

在知识经济时代,知识管理具有特殊的重要性。宏观层面,伴随着世界经济结构的日益全球化,以知识、信息为基础的经济体系正在世界范围内快速形成。知识经济是相对于上一时期的工业经济而言的,它建立在知识与信息生产、分配和应用的基础之上,是一种崭新的新型经济。由此可知,知识与信息已成为当今知识经济时代日益重要的资源。而随着知识对社会经济的推动作用日趋增强,各种知识密集型产业与高新技术的产品,以及社会各行业中的知识含量也逐渐提升,知识的重要性日益突出。知识资源在新经济时代中的地位如同资本资源在工业经济时代以及土地资源在农业经济时代的地位。对知识的获取、创造及应用现已成为促进社会经济增长、增强企业核心竞争力的关键因素,因此如何管理与使用知识这一战略性资源,已成为学者和企业致力研究的问题。

在企业层面,进入21世纪以来知识管理已成为企业管理中需要重点关注的课题。知识管理涉及企业所需业务信息、知识的收集、整理、存储、加工,由此促进了新知识的产生,通过隐性知识和显性知识的相互转化形成企业内部的重要知识资产,使企业能够进行合理有效的经营等。从企业角度来看,知识来源于生产实践,来源于企业员工对企业内外生产经营环境的了解,以及在长期的生产经营活动中积累起来的实践经验。同时,知识又是大量数据和信息的提炼和结晶,这些经过加工的知识资源对于企业的运营和竞争来说无疑具有重要作用,任何企业都必须认真思考如何对自己的知识资源进行创造、运用和有效的管理,如何在企业生产经营模式中融入知识管理,以及知识管理在企业核心竞争战略中的地位如何。

一方面,对企业而言,与传统有形资产相比,知识利用是企业的一种能够快速递增获取报酬的珍贵资源。相对而言,传统有形资产使用的人越多,价值就会因分享而递减,而知识却不会有折旧和磨损的情况,反而使用的人越多,知识资源所发挥的价值就越大。这是因为使用知识的人越多,经过使用者对知识点的补充、强化、验证、改正、改善和运用，相关知识的正确性和鲁棒性就越高，其价值也就越大。相对于传统有形资源，知识成本仅发生在创造研发阶段，知识一旦经过沉淀产生，其复制、传播以及分享就不再需要投入巨额的成本，甚至还能获得高额的回报。尤其是在如今全球互联网飞速发展和普及的时代，信息与知识更是可以借助无所不在的互联网进行快速、低成本的传播。

另一方面，知识是当今构建企业智力资本和无形资产的主要源泉，大多数企业尤其是技术密集型企业，它们的企业价值大都依靠其无形资产体现，包括各种企业文化及知识创造出的优秀的员工能力、优质的客户合作能力、良好的内部流程结构及管理制度等，而这些无形资产可以创造出企业难以被复制的创新能力和反应能力等重要的竞争优势，从而提升企业的无形价值。反之，因优秀员工离职而产生的重要客户和伙伴关系、最佳业务的流失甚至比利润的损失更严重，尤其是当重要的隐性知识仅仅被几个关键员工掌握时，企业重要的竞争优势更容易流失，而且极有可能流向企业的竞争对手，这将严重损害企业的整体竞争能力，甚至导致企业走向衰败而最终倒闭。

二、知识的分类与转化

（一）知识的分类方法

国际上，各种研究机构和学者从知识的使用目的和管理方法等不同角度提出了多种知识分类结构。理论知识是指利用科学客观的方法收集数据资料，并对其加以归纳、分析、验证和总结所得到的一种概念性知识。例如，经济学科中的供需理论，就属于理论知识。实践知识则是一种抽象化程度较低（即该部分数据无法被简单地归纳成基本概念），而相对详细、复杂和隐性的知识。例如，某位项目负责人在完成一个工程项目后得到了该领域中许多丰富、翔实的成功经验和关键因素等个人隐性知识，这就是实践知识。

（1）显性知识，是指可以用文字、数字、图形或其他象征物（symbol）清楚地表达出来的知识，即知识中"知"的部分。例如，手册、书本、文献及知识库系统中记录的资料均为显性知识。

（2）隐性知识。这一个概念最初是由哲学领域哲学家迈克尔·波兰尼（Michael Polanyi）总结出的，是指除能够以书面文字、图表和数学公式加以表述的知识以外的知识统称为隐性知识。然而，随着各种领域内的知识信息流通程度加深，这一概念也逐渐被引入其他领域内，并以其他领域的理论环境衍生出了新的含义。在知识管理领域，隐性知识是指那些无法使用编码、文字、图形、图片等形式记录或表述的知识，组成要素可以是个人的直觉、经验判断、知识假设等。但是，这并不意味着知识就能够以显性知识和隐性知识作明确划分，两者不是矛盾关系，而是组成关系，很多知识都同时具有显性和隐性两种特征。

此外，当知识管理在实际生活中被应用时，隐性知识虽然难以被发掘，并使用简洁明了的方式作出表述，但是由于其是很多经验化知识的积累，反而在总是处于变化中的实际场景里更容易创造出更高的价值。

（3）员工个人的知识储备，是指员工个体充分发挥主观能动性，通过多种途径丰富自身的专业技能，通过过往的学习和工作经验完善自身的价值观、人生观、世界观体系，这类知识是员工自己支配，且是他人或是其他组织无法带走的东西。例如，当一位资深的技术工程师离职后，该企业就无法再利用该员工的个人知识为企业自身创造价值。

（4）组织知识，指内含于组织实体系统中的知识，包括组织内长期以来形成的信息系统、作业流程、组织文化以及团队协作与管理等，这些都是员工个人不具备且无法支配与带走的知识。例如，一家公司的工作流程设计得非常好，即使该公司的部分员工甚至高层管理人员离职，公司优秀的作业流程依然存在，并不会因此而消失，公司业务也不会因为个别人员的变动而受到影响。需要指出的是，在为某个组织工作时，其员工的个人知识事实上也是属于组织的，因而应纳入组织知识管理的范畴。此外，组织知识又可以分为内部知识和外部知识两部分。内部知识是指关于组织内部事务的知识，如产品、人员和内部流程等相关知识，而外部知识是指关于组织所涉及的供应商、市场环境、合作伙伴、竞争对手等外部对象的知识。

（二）知识的转化关系

结合上一小节中关于知识的分类介绍，下面分别分析显性知识与隐性知识、个人知识与组织知识的转化关系。

1.显性知识与隐性知识的转化关系

（1）隐性知识转化为隐性知识。这种同向转化过程一般发生在直接观察、接触、沟通的过程中，通过"潜移默化"将他人的隐性知识变成自身的隐性知识。例如，烹饪学徒通过观察、模仿师傅烹饪技巧，掌握烹饪技能。

（2）隐性知识转化为显性知识。对隐性知识进行高度概括整理，并以文字、图形等便于存储、分享的形式表现出来的过程。例如，工艺工程师将新开发的工艺流程，通过工程图纸绘制出来，这就将隐性知识转化成了显性知识。

（3）显性知识转化为显性知识。通过整合、归纳等将多种显性知识组合成新显性知识的过程。例如，企业预算员收集各部门的预算信息，并将其汇总成企业预算报告。

（4）显性知识转化为隐性知识。通过阅读、学习、实践将显性知识内化于心，转变为隐性知识的过程。例如，前述例子中工程图纸流转入操作车间，加工工人通过阅读工程图纸，并按照新的工艺流程加工，掌握了新的工艺。

2.个人知识与组织知识的转化关系

（1）编码化方法是指将知识以通用编码的形式表现，个人或组织以通用编码为介质可以实现知识的共享及转化。个人可以将自身知识编码为文档、图表、报告、工作流程等形式，进而供组织学习、分享，将个人知识转化为组织知识；组织通过内部的管理机制和沟通渠道，将组织的数据库、知识库、手册等提供给个人学习，进而将其转化为个人知识。

（2）个性化方法是指通过人与人之间的直接或间接交流达到知识共享和转化的目的。个人可以将自身经验以培训、讲座、讨论等方式转化为组织的共有知识，同时个人知识也可以通过个性化方法习得组织制度、管理形式、工作流程等组织知识。

三、知识管理的目标

知识管理由一系列能够支持各种知识管理模式的技术和专业的组织体系组成，其目的是帮助组织机构在特定的时代和社会背景下，整合和利用各项资源形成一定的生存能力和行业竞争优势，促使组织机构的管理成员都能利用有效的知识作出正确决策，从而获得实现长远发展的经济效益和社会效益。

（一）知识管理的目的与目标

将知识管理的目的由直接到间接，共分六个层次，具体如下：

第一层目的：提升知识管理过程的有效性。知识管理本身分为多种类型，而且不同的企业结构、不同企业经营及生产环节应用的管理知识和管理系统都是不同的，所以让知识管理发挥作用十分重要。

第二层目的：高效配置和利用优势资源。只有利用好组织机构内已经掌握和收集的知识，才能够有针对性地、有效率地挖掘这些知识背后蕴藏的深层价值和更大的发展潜力，让每一个知识点都能够发挥出作用。此外，当前对于任何一个组织机构来说，知识创新是生产力和经济价值提升的重要支柱，因此利用已有的知识资源，在此基础上进行更深层次的知识探索，增加知识储备的同时，洞察出知识中蕴含的经济潜力。

第三层目的：对个人工作、流程和决策绩效的支持。知识管理可以支持并提升员工个人或群组在进行工作、决策、问题定义和解决等方面的综合能力。知识管理还可以支持组织作业流程和学习文化，其中，支持组织作业流程要注重以下三种能力：①注重效率方面的能力，即正确处理事情的能力，使组织具有在最少投入的情况下获得最多产出的能力。②注重效果方面的能力，即做正确事情的能力，促进组织找到对组织最具有价值的工作与方向的能力。③注重创新方面的能力，即做创新事情的能力，促进组织不断地创新与学习的能力。

第四层目的：保证产品质量。产品是组织结构获得直接经济利益的主要物质资料，所以保证产品的质量不可被忽视，可以利用知识管理对这一目的做以下四个方面的细化：①科学、客观、阶段性地提升产品自身的质量和性能；②同时提升产品配套设置和服务的质量和性能；③在保证产品质量的同时，提升产品生产的效率；④及时通过市场调查、商品评价、内部讨论等形式准确掌握市场变化，并迅速在产品生产层面做出反应。

第五层目的：提升自身的核心竞争力，即不仅让产品的试产份额扩大，而且能够掌握其他同类型企业不具备的核心技术、企业文化、经营模式等，让企业逐渐发展成为行业内无法被替代和超越的存在。

第六层目的：保障组织机构能够长期盈利。该目的的实现不仅能够保障组织机构能够在竞争激烈的经济环境中生存下来，而且从长远发展来看，也是组织结构自身逐步增强自身经济实力、完善企业产品质量和服务的关键因素。

（二）知识管理的流程分析

（1）创建知识。创建知识是知识活动的起源，也是知识管理的第一步。关于知识创新，从隐性知识与显性知识的角度提出了获取知识的SECI模型：群化（socialization），对应于隐性知识转化为隐性知识的过程；外化（extemalizatimi），即隐性知识转化为显性知识；融合（combi-nation），即显性知识转化为显性知识；内化（internalization），即显性知识转化为隐性知识。

（2）存储和检索知识。知识的存储和检索即知识记忆，与个人知识相似，若不加以存储和管理则知识容易被遗忘。知识可以通过各种形式，如书面文件、电子数据库、专家系统、组织流程等留存。在面对大量知识时，检索所需要的知识也成为知识管理中的重要一环，先进的计算机存储技术和复杂的检索技术，如数据仓库和数据挖掘、多媒体数据库和数据库管理系统以及强大的搜索引擎都可以有效提高组织记忆。

（3）传播知识。知识管理的一个重要部分就是将正确的知识转移到所需之处，即知识传播。知识传播的五个要素：感知传播源的知识、激励传播源的分享意愿、构建传播渠道、激励传播对象学习意愿、传播对象学习能力及应用知识的能力。结合上述五个要素，可能影响组织内部进行知识传播的因素主要有传播源的分享动机和可靠性、传播对象的动力和吸收能力、知识的特性、传播源与对象之间的关系。

（4）应用知识。知识管理之所以可以提升组织竞争力是源于对知识的合理应用，知识管理的本质就是将个人专业知识加以整合，转换成组织的产品或服务，从而创造价值。知识应用过程中涉及的三个主要机制包括指导、组织程序、任务团队。指导指融合了专家隐性知识而制定的规则、标准或程序，以便于知识分享；组织程序指实施过程中的协调模式、交互方式或流程规范等，通过封装实现低耦合，可以充分发挥个人的知识优势，而无须多余的沟通；任务团队适用于复杂任务，通过团队沟通、协调、合作过程，实现团队成员间的知识互动，从而利用知识解决问题。

四、组织知识管理的过程

组织知识管理是一个对集体知识进行识别、获取并加以利用的过程，通过组织知识管理可以提升组织竞争力。大多数组织知识管理项目的目标为：①用于知识可视化，主要通过地图、黄页和超文本工具展示知识在组织中的价值；②建立知识密集型文化，鼓励知识聚合行为，如知识共享、主动寻求和提供知识；③构建知识体系架构，为员工合作等提供便捷渠道、工具。可见，知识管理在包括企业在内的各种组织中具有举足轻重的地位。

（一）组织知识创建的不同角度

组织知识的创建可以从多个角度考虑，目前广泛认可的一种说法即野中郁次郎提出的知识创建的SECI模型，该模型中提出了知识创造的四个模式：群化、外化、内化、融合。其中，群化指将隐性知识转化为新的隐性知识，一般通过组织成员之间的接触、互动、分享实现，如手艺学徒、新员工实习等均为该种模式；外化即将隐性知识转化为新的显性知识，一般通过组织成员个人或团队归纳、整理实现，如总结报告、财务报表等属于该种模式；内化指通过显性知识创造新的隐性知识，一般通过学习、理解、实践实现，如专业培训、教学等属于此种模式；融合即通过对已有的显性知识进行合并、分类等创造新的显性知识，如文献调查报告、综述等。

SECI模型只关注了隐性知识和显性知识在不同个体间的互相转化，而忽略了对知识本身的创新。知识创新才能真正丰富组织的知识库，提升组织的知识水平。1998年，野中郁次郎和竹内弘高再次提出，知识创新的基本问题是建立一个组织的"BA"，即知识场。与SEC1模型的四种模式对应，知识场也分为四种类型，分别是：原始知识场、交互知识场、网络知识场、实施知识场。原始知识场对应于知识的群化模式，是知识创新的起点，常常发生在面对面交流的过程中。交互知识场对应于外化模式，网络知识场对应于融合模式，实施知识场对应于内化模式。

（二）组织知识的存储与索引分析

组织知识的存储和检索即组织的知识记忆，是组织知识管理的一个重要方面。随着时间的累积，组织知识不断创建、更新，各种用于记录知识的媒体，如文件、流程、数据库等越来越多，如不加以记忆则难以使用。下面从几个方面阐述组织知识记忆：

（1）组织知识记忆的内涵。组织中的个体，通过其大脑、认知能力可以获取、保留、记忆并应用知识,这种个体的知识记忆主要通过观察、体验和行动实现。个体记忆主要是内化于组织成员中的知识,而且往往反映了他们过去的特定经历,而组织记忆则包括个人记忆以及共享知识和组织行为经验。其中,组织行为包括决策、解决问题、协调、控制、规划、生产商品和服务等。组织记忆除包括组织成员记忆外,还包括组织文化、转换(生产过程和工作过程)、结构(正式组织角色)、生态(物理工作环境)和信息档案(内部和外部的组织)。

(2)组织记忆的优劣。知识记忆即存储和检索的知识,无论对个人或组织都会产生影响,当然这种影响有积极面也有消极面。从积极面来看,记忆是认知及适应的必需品,同时也是高效学习、决策的必要条件。一些学者还特别强调组织记忆的价值,指出组织过去的经验可以促进改革,有助于形成标准或流程,从而降低组织交互成本。此外,还可以通过跟踪解决方案和组织反复出现的问题,有效避免资源浪费和重复劳动。从消极面来看,记忆容易形成固化思维,反而限制了个体或组织的发展潜能。记忆可能会导致组织更容易维持现状,在带来稳定的同时也失去应变能力。

(3)组织记忆的建立。对于组织记忆的建立,已有许多成熟的支撑技术。数据仓库和数据挖掘、多媒体数据库和数据库管理系统、强大的搜索引擎等技术都是组织知识存储与检索的有效工具。例如,AI-STARS是一个典型的记忆系统项目,它集成了公告信息、产品发布声明、服务手册以及电子邮件等功能,用以支持在解决客户问题时快速访问相关信息。所有的信息都必须经过内部标准化处理,所有的变动,如客户、产品、服务、员工或公司政策等的变化都能通过组织记忆更新。与传统的方式相比,这提升了工作效率,过去企业的产品信息可能需要印刷成成千上万的小册子供销售人员使用,而在建立组织记忆后,可以将产品信息和销售信息公布到企业内部网上供销售人员使用,并且能够做到及时更新、实时获取,这缩短了相关流程的时间。

(三)组织知识的传播策略

组织知识传播即将组织知识传递至所需的团队或个人。知识传播的过程需要传播源、传播渠道、传播对象参与,三者缺一不可。正如前面所介绍的,组织知识传播包括以下五个要素:①传播源的知识,如传播源本身是否具备有价值的知识,组织如何发现并评价;②传播源的分享意愿,如是否愿意分享自己的知识;

③传播渠道，如传播途径是否存在，是否多样化；④传播对象学习意愿，如是否愿意从别处学到知识；⑤传播对象学习能力及应用知识的能力。上述五个要素对组织知识传播具有不同的影响力，传播源可靠、乐于分享，传播的知识清晰明了，传播源与传播对象沟通顺畅，传播对象对知识吸收转化快，都有利于组织知识传播。

结合组织知识传播的要素，可以从以下几个方面丰富组织知识传播、共享策略：

（1）构建传播文化，激励分享意愿。组织中的个体都承担着各自的工作，并不强制要求分享知识，因而多数人不愿意分享知识或即便分享知识也有所保留，因此有必要创立组织知识共享文化，并建立相关制度。

（2）完善考评机制，鼓励学习精神。组织对组织中不同岗位、不同级别的成员所具备的知识有不同的要求，为鼓励传播对象的学习意愿，可以建立阶梯岗位考评机制，明确组织职位对成员知识基础的要求，确保员工具备完成职责所需的知识，而且将其纳入考评范围。例如，某世界500强企业内部建立了培训机制，为鼓励员工积极参加培训，提升岗位相关技能，该企业同时建立了培训积分制度。每参加一次培训都可获得相应的积分，不同级别的岗位均设立了不同的积分要求，年底对组织所有成员的学习积分情况进行统计，对未达到要求的成员进行通报，同时将其与考评挂钩。

（3）开展组织活动，建立信任基础。组织成员之间的交往和沟通、知识的交流和转移以相互信任为基础，好的信任关系可以有效地促进知识传播，但不熟识的成员之间通常难以建立信任关系，因此需要在组织中建立信任的组织文化。可以通过开展丰富多彩的组织活动，增强团队凝聚力。例如，举办职业竞赛，组织成员以团队为单位参赛，竞赛过程中成员之间通过互相协作达成统一目标，可以增强团队成员彼此之间的信任感；再如，组织集体户外活动，为员工交流营造较为轻松的环境。

（4）丰富传播渠道，实现无障碍分享。组织知识的传播渠道包括正式和非正式两种。正式渠道包括培训、讲座等，一般而言，正式渠道有特定的传播源、传播对象，所传递的知识更多地为客观、显性化知识，如新员工培训。非正式渠道包括研讨会、讨论会、座谈会等，与正式渠道相比更主观，传播源和传播对象都不固定。从组织层面上来说，有研究发现总部和分公司之间知识传播渠道主要有四种：技术共享、社会互动、人事调动以及战略集成。其中，技术共享主要用于传播显性知识，如产品设计相关知识；社会互动主要用于传播隐性知识，如产品质量检验等；人事调动更多地用来传播信念和行为规范等隐性知识；战略集成主要用于传播组织文化等显性知识。

（5）设定知识甄别机制，最大化传播效益。知识本身及其具备的特性是影响知识传播的重要因素。因此，如何甄别知识并获取其特性至关重要。组织可以设定知识甄别机制，甄选具有潜在价值的知识用于共享。处于不同领域的不同类型的组织所要求的知识也不尽相同，大体可从以下几个方面进行知识甄别：①结合组织战略目标，分析核心竞争力及关键业务；②分析关键业务流程所必需的知识，形成知识杠杆；③发掘相关组织成员，建立组织专家库；④根据业务类型对知识进行分类统计，并建立知识之间的关联关系。

（四）组织知识应用的要素

组织知识管理的最终目标是提升组织的核心竞争力，这主要体现在组织知识应用方面，只有合理地应用知识，将其转化成实际的成果才能体现竞争优势。组织可以通过整合其成员的知识而将其转换成产品或服务，进而为组织创造价值。组织知识应用的三个要素包括：

（1）明确的指引、规范或操作手册。组织成员的知识水平并不一致，为了便于知识应用，可以将专家的隐性知识转化成可供分享的规则、标准或程序。例如，厨师可以将自己制作美食的原料和注意事项写成菜谱，工程师可以根据飞机特性编写安全检查和维护手册。

（2）严密的组织程序和流程。为了规范成果转化过程，节省沟通成本，还要明确实施过程中的协调模式、交互方式和流程规范等，通过封装实现低耦合，充分发挥个人的知识优势，而无须多余的沟通。例如，车间生产的流水线，每个工位负责什么加工步骤都是预先设定好的，工位上的工人只需按图纸加工好工件即可，而不必过多地与其他工位上的工人或技术人员进行交流。

（3）结构合理的任务团队。知识应用和成果转化过程中需要由专人负责各个方面，如设计、研发、生产、装配、宣传、销售等。特别是对于复杂的知识应用过程，需要团队成员沟通、协调、合作实现，充分发挥团队成员之间的知识互动,从而利用知识解决问题。例如,组织参加创新项目竞赛,首先要建立项目团队,团队成员需要具备不同的知识:协调统筹、软件设计、硬件设计、文案编辑等,团队成员各自利用自己的专业知识和能力,共同完成该创新项目。

第二节 商务智能中的人才管理

一、对商务智能人才技能的要求

随着企业全球化发展,企业必须着手解决数据量激增的问题。收集和解释信息并根据信息快速采取行动的能力是企业竞争的一个差异点,一个企业获取和使用信息的速度越快、效率越高,降低成本或提高利润的速度就越快。在这一过程中,最大的障碍不是技术,而是分析技能,所以现代企业必须通过教育已有员工或雇用新员工加大对分析技能的投资。

(一)商务智能人才的基本能力要求

对商务智能人才的基本能力要求包括分析、商务和信息技术这三类能力。

(1)分析能力。①研究商务问题,创造有助于分析商务问题的模型的能力;②探索数据并能发现类型、有意义的关系、非正常情况和趋势的能力;③与信息技术部门一起寻找如何为某一分析或应用识别数据的能力;④利用简单的数据综合、统计分析和复杂的数据挖掘等一系列技巧的能力;⑤熟练使用分析工具的能力;⑥提炼相关部分,根据正确的指标集合来提出合理化建议的能力;⑦培训用户如何使用数据的能力。

(2)商务能力。①理解财务、销售与市场营销、人力资源和供应链等业务线的需求的能力;②理解跨业务线问题(如客户获利性)的能力;③向高级管理层沟通以及将商务智能与企业战略目标联系起来的能力;④通过分析各种选择所带来的后果和提供商务计划书来帮助业务经理们确定事物优先性的能力。

(3)信息技术能力。①理解商务和分析要求给商务智能基础设施所带来的影响的能力;②深刻理解支持商务与分析要求所必需的数据接入和管理方法的能力；③深刻理解数据仓库、商务智能工具和技术的能力；④数据管理的能力。

（二）商务智能人才的高级能力要求

商务智能系统工程非常复杂，它需要商务智能人员具备更高级的能力。如在某一给定环境中，选择和应用某项分析技术的能力，选择合适的分析工具对商务流程进行分析的能力；如在数据初始分析阶段简化流程的能力。具体地说，商务智能的高级技能包含以下四个方面：

（1）商务要求分析。①理解已有的商务流程；②理解可以改进的地方及其价值，这是投资回报分析的第一步；③理解数据分析所支持的改进的可能性，商务智能人员不仅要对各种可能的解决方案有一个基本的想法，还要对数据分析领域以外的解决方案采取开放的态度；④为了使部署起来花费巨大的项目能够获得广泛的支持，从财务的角度进行投资回报分析通常是十分关键的。

（2）数据分析。①理解业务内能够产生的数据以及需要哪些流程和步骤；②理解二手数据的来源，如来自数据提供商的数据；③知道所拥有的数据是否能够支持有效的统计分析；④理解数据的质量，数据是否完整、正确与及时；⑤建立在线分析处理或多维度分析的能力。

（3）高级数据分析。①了解单一变量和双重变量的统计分析分布情况；②进行要素分析，把数据视觉化，进行数据聚集分析，建立决策树来区分隔离数据，寻找非正常现象和趋势。

（4）建立高级数据模型。①熟悉主要的统计技术，包括最常见的数据挖掘方法，如聚集分析、回归分析、以案例为基础的推理、邻近分析、神经网络和决策树；②数据挖掘者或商务智能分析师不一定要成为受过科班训练的数学家或统计学家，但是对于概率论和多维分析的一定理解在将来还是必要的；③能够在建立模型时进行向后测试或在部署过程中进行冠军挑战者测试，来验证所做的分析与历史性数据之间的差距。

商务智能系统是一个跨学科性项目，企业应该把商务应用软件（包括客户关系管理、企业资源规划、质量和风险分析以及知识管理等）领域的各种技能结合起来。利用商务智能的高级技能的能力是商务智能成功的关键因素之一，其作用远大于商务智能工具的选择。

二、商务智能的能力中心

了解了商务智能对人才的技能要求后，我们要解决的一个至关重要的问题是如何组织和管理好这些人才，来为企业实现商务智能提供必要的组织保证。这就需要建立企业商务智能能力中心。已有许多领先一步的企业已经尝试着利用商务智能能力中心来驱动商务智能战略，而且取得了明显的初步效果。

（一）商务智能能力中心的基本任务

商务智能能力中心的任务概括为以下五个方面：

（1）指导用户进行商务智能方面的自我服务，培训他们使用数据的方法和利用商务智能工具作为接收数据和操纵数据的原理，使商务智能中心能够有一个一定高度的起点，不需要自己创建每一个报告或查询。

（2）跟业务单位一起进行特色或复杂的分析。商务智能人员是分析方面的专家，如果分析变成重复性的，就可以通过安装商务智能应用软件把它变成用户自我服务的任务。

（3）监督整个企业的分析方法，确保这些方法是一致的。商务智能能力中心把企业中有着相似需求、遇到相似问题的各个部分联系起来。

（4）协调企业中元数据的利用与再利用，帮助界定和整合相关商务术语的定义。

（5）建立商务智能工具的标准，使其能在全企业范围内得到使用和支持。

（二）商务智能能力中心在企业中的位置设定

商务智能能力中心在企业中的位置设定有一定的讲究。如果商务智能能力中心设置的位置太高，直接向董事会报告的话，就显得高高在上，而与具体业务单位脱节；如果商务智能中心设置的位置太低，如处于某具体的业务单位内，就面临着失去广阔视野的风险。所以，商务智能能力中心的最佳位置在不同行业和不同企业中应该是不同的。把它摆在信息技术部门，直接隶属于首席信息长官可能是一个适当的位置，但是这只有在信息技术被企业当成战略性部门的情况下才可以；也可以把商务智能能力中心摆在财务部门，但这只有在财务部门已经从单纯的财务控制职能进化为一个管理控制职能的情况下才可以。如果某一个部门驱动着企业的业务发展，能使各个部门进行跨部门的协作，那么商务智能能力中心也可以安放在那里。

商务智能能力中心可以是一个不大的部门。在一个分析密集的环境中，如中等规模的金融机构，商务智能能力中心可能雇用5个或最多10个分析师，一个很大的金融机构也许会雇用20个分析师，商务智能部门的经理们应该是商务智能专家。

（三）商务智能能力中心与数据仓库人才之间的关系

数据仓库人才是企业未来商务智能能力中心的坚实的组织基础，是商务智能能力中心的主力军之一。如果企业不能把在成功的数据仓库项目中所发展起来的人才和技能有效地带进企业的商务智能能力中心，那么就会失去一个大好的机会。

数据仓库人才需要具备技术技能、商务技能，而且技术人员和商务人员的职责还会有一定的交叉。除此之外，这支队伍要有跨越企业各个部门的眼光，不能把眼光局限于自己原先所在部门。数据仓库的人才队伍由两个小组组成：架构小组和商务智能小组。

（1）架构小组的组成人员。①项目执行经理；②硬件和操作系统的安装和支持人员；③负责物理和逻辑模型的数据库管理员（DBA）和数据管理员（DA）；④编写数据提取和转换程序的技术人员（与商务智能小组的技术人员并行存在）。

（2）商务智能小组的组成人员。①负责为数据库管理员和数据管理员提供数据、编写数据、提取和转换程序的技术人员（与架构小组的技术人员并行存在）；②每一个职能部门的商务智能应用软件开发员；③每一个职能领域一两个懂技术、可担当第二级经理角色的商务分析师。

第三节　商务智能中的项目管理

一、商务智能项目的成功因素

（1）从企业内部来讲，主要因素包括：①企业管理层对于绩效管理和管理信息化的认知程度。②企业管理的稳定性，主要包括：第一，企业的管理流程稳定和健全；第二，内部管理报告机制稳定，报表基本固定；第三，企业的组织机构基本稳定，近期没有大的并购活动；第四，并购频繁将会导致系统架构的根本变化；第五，组织机构的巨大变化将使系统架构设计无法适应。③企业项目的接受程度和参与程度，主要包括：第一，客户对于系统实施的期望和认识；第二，客户财务部门的接受和积极参与；第三，客户IT部门与财务部门的紧密合作与内部沟通。

（2）从企业外部来讲（主要是咨询顾问公司），主要因素包括：①实施团队的项目管理能力，包括：第一，实施团队必须有一个绩效管理的较全面的管理方法论；第二，实施团队的项目管理与实施经验；第三，实施团队对项目预算的合理控制。②实施团队的项目实施能力，包括：第一，实施团队内部的合理组成与分工；第二，项目实施中的技术难点的有效克服和完善；第三，客户需求的有效控制与引导；第四，真正了解客户的需求并对项目实施方向正确把握。③良好客户关系的建立和维持，包括：第一，有效沟通与企业使用人员保持及时联系；第二，项目实施文档的用户友好与简单实用；第三，用户手册的翔实、易读；第四，良好的用户使用培训。

（二）商务智能项目的失败因素

（1）商务方面的主要原因：①不现实的商务期望；②商务方面缺乏对项目的真正支持；③缺乏有效的信息技术的治理来进行优先性范围和项目要求的管理；④误解成功的要素。

（2）信息技术方面的主要原因：①项目管理不充分；②项目估计比较糟糕；③项目结果不具体，不能被衡量；④缺乏高级管理层的参与；⑤缺乏风险管理；⑥项目人手不足；⑦项目的沟通技能不足；⑧缺乏管理复杂性的开发框架；⑨生产计划不足；⑩硬件和软件供应商造势过分；⑪测试不足；⑫让商务流程去适应技术；⑬缺乏新技术的技能和经验。

二、商务智能项目的组织管理

（一）商务智能项目高层管理组织架构

（1）项目领导组。项目领导组是管理整个BI项目全部工作，推动项目进展，评估项目成果的管理人员，通常由企业CEO、主管业务的领导和主管企业IT部门的领导组成。企业CEO负责决策项目中发生的问题，批准项目预算，从企业管理的高度控制BI项目发展方向。主管业务的领导负责检查和控制项目中相关业务领域的范围，协调业务部门之间的关系，确定项目业务需求的优先级。主管企业IT部门的领导负责管理项目中确定的技术架构，控制项目技术成本，确保项目符合企业中各个部门的需求。

（2）项目经理。项目经理的职责是确保全部工作在预算范围内按时、优质地完成，从而使用户满意。项目经理在项目中负有领导项目的计划、组织和控制的责任，负责管理项目中每一个子项目的进度，安排子项目资源调度，协调子项目之间的进度及子项目之间的资源共享。

（3）顾问咨询。顾问咨询包括技术咨询和业务咨询。技术咨询顾问负责处理技术上的问题，如批准数据仓库结构，包括关键的硬件和软件组成部分、基础以及标准。业务咨询顾问负责是决定项目的轻重缓急，他们必须衡量每一个项目的投资、利润和行政意义。他们将批准预算，检查高级项目协定并对此作出改动，检查项目的重要环节和关键中间件，是项目实施顾问和公司项目服务的指导者。

（一）商务智能项目正式成员组织架构

（1）业务需求分析人员。业务需求分析人员负责收集、整理业务部门提出的业务需求，并根据确定的业务需求编写《业务需求规格说明书》，他们将参与所有和客户相关的交流过程，详细了解每一个相关业务部门的工作流程、数据和业务规则，描述每一个业务需求的边界，确定业务需求之间的优先级。

（2）数据源分析人员。数据源分析人员负责检查每个数据源的数据是否可以支持现有的业务需求。这个角色的工作包括了解业务需求、保证数据具有业务有效性、为ETL设计和数据质量保证测试提供数据用例。在实际项目中，数据源分析人员可能和ETL分析人员是同一个人。

（3）数据管理员。数据管理员的职责是根据控制数据间相互关系的业务原则和政策，塑造业务数据的模式。他们归档和保存逻辑数据模型和物理数据库设计间的关系，以及源数据和数据仓库目标数据间的关系，确保项目中数据的一致性。他们不仅在设计数据质量管理流程方面要有经验，在开发关系到数据生产、数据管理、数据安全的规则方面也要有丰富的实践经验。数据管理员对元数据库也负有管理责任。

（4）数据库管理员（DBA）。DBA负责数据仓库的物理模型实施、性能优化、日常安全管理、制定系统数据库备份、恢复计划和实施流程，并执行设计仓库日常管理维护计划。他是全项目组中唯一管理数据仓库安全问题的人员。

（5）数据质量分析员。数据质量分析员的主要责任是发现和报告同数据质量有关的问题，调查这些问题并指派人员专门负责解决。对于数据质量分析员来说，最重要的任务是提高和改善数据仓库中的处理过程，尤其是ETL处理过程。

（6）ETL设计开发人员。ETL设计开发人员负责设计和开发数据仓库系统中数据采集程序，如手工数据装载程序、数据清洗程序、ETL程序、数据审计程序等。他们不但要在ETL开发上有充足的经验，熟悉各种数据采集工具和数据质量工具，还要懂得一定的业务知识，能协助业务需求分析，并向用户解释数据质量问题。

（7）数据仓库技术架构人员。数据仓库技术架构人员为BI项目设计数据仓库整体技术架构，他们应了解项目中使用的各种技术和工具，熟悉数据仓库技术组件和基础构造，有成功实施数据仓库项目的经验。

（8）数据分析员。数据分析员负责在线联机分析处理和数据挖掘算法的选择。

（9）用户培训人员。用户培训人员负责为用户单位准备培训资料、制订培训计划、组织培训人员、执行培训工作。

（10）前端呈现人员。前端呈现人员负责开发用户界面、编写查询库等工作。

（11）系统管理员。BI系统由很多操作平台组成，从数据源到前端的数据呈现，数据接口非常多，系统管理员需要管理和实现它们之间的接口关系，配置数据仓库体系中使用的各种系统软件，执行系统调整和管理工作，监控整个系统运行性能，向项目组提供尽可能多的技术支持。

三、商务智能项目的计划管理

商务智能项目要想取得成功，必须有一个规划，一旦根据规划开始实施项目了，就需要对项目实施情况进行管理。项目管理就是一个根据规划执行，然后检查执行情况调整规划，然后再执行的一个不断循环的过程。

（一）商务智能项目的规划

BI项目规划主要包括对项目的目标、项目的范围、限制条件、假定等的描述。

（1）商务智能项目的目标。要界定一个商务智能项目，首先必须了解建设商务智能的原因何在、战略性的商务驱动力是什么、该商务智能项目的目标与企业的战略目标是否相符吗。商务智能项目的目标必须是可以衡量的，必须与所期待的投资回报结合起来。

（2）商务智能项目的范围。一个项目的范围可以由系统中的功能的数量来衡量，但是商务智能系统是数据密集型的，而不是功能密集型的，不能采用传统的衡量方法。因而商务智能项目的范围应该由从源系统中提取的、需要转换和清洗的、装载到商务智能目标数据库中的数据元素的数量来衡量和决定。

（3）商务智能项目的限制条件。BI项目都受五个要素的限制：范围、时间、预算、资源和质量。

（4）商务智能项目的假定。在进行商务智能项目的时候，必须记录下来所有的假定，因为任何一项假定如果是错误的话，就会变成一个风险。所以，项目经理一定要仔细审查并监视每一个假定，看看他们是否是错误的或实现不了的，并对可能引发的风险进行妥善的管理。

（二）商务智能项目的计划

商务智能的项目计划不是一次性的活动。由于一个项目的计划是建立在估计的基础上的，因而计划必须不断地调整。BI项目计划如下：

（1）活动定义。商务智能项目是由许多活动组成的，每一项活动又有一个很长的任务清单。因此，项目经理必须依靠某些现有的清单，把最需要进行的活动列举出来。项目经理还要充分认识到商务智能项目的动态性质，做好调整各项活动和任务的准备。

（2）估计这些活动、任务和次要任务所需要的时间。商务智能项目的估计工作需要经验，项目经理最好要咨询其他有过部署商务智能经验的人。估计方法有历史法、直觉法和公式法。

（3）给这些活动、任务和次要任务分配资源。

（4）确定任务之间的依赖关系。不是所有的活动和任务都需要按顺序进行，有些任务在有充足人手的情况下可以并行完成。

（5）确定资源之间的依赖关系。

（6）确定关键路径。

四、商务智能项目的风险管理

风险是任何项目中所固有的，但是由于商务智能项目的高成本，其中所包含的风险似乎远大于许多其他项目的风险，所以对BI项目必须进行风险管理。项目经理在管理项目的时候，要有清醒的风险意识，要详细识别每一种风险的引发因素，不仅要制订降低风险的计划，还要准备好应急方案。

常见的项目风险包括需求变更风险、项目技术可行性风险、项目人力资源风险、需求和技术实现差别风险与项目沟通风险等。在企业进行商务智能项目的过程中，要考虑到如下风险因素：

（1）用户需求和目标不明确。BI需求通常是不明确的，有可能会不断地增加新的需求。此外，用户通常在看到或开始使用第一个BI项目的原型系统时，才会对其有一个真正的理解，从而提出明确的需求。因此，BI系统开发的目标和开发过程必须是迭代的。

（2）数据源质量不满足要求。低劣的数据质量将导致报表和分析结果的不可信，这种不可信又可能导致用户对BI项目的失望和放弃，从而导致BI项目的彻底失败。虽然可以通过ETL过程改善数据源质量，但它需要大量的开销，有时甚至超过其带来的好处。

（3）缺乏成熟技术支持。技术风险如所选的技术不够成熟，操作系统不兼容，商务智能应用软件本身的复杂性等。

（4）项目组织风险。项目组织风险如项目小组有多少商务智能运用软件执行方面成功经验、小组内部的平衡性怎么样、项目经理的能力有多强等。从一开始，项目组就应该考虑适当的人员组成，即人数适当、具备适当的技能、处在适当的岗位，并且在需要时随叫随到。但这种情况十分少见。

（5）高层支持不够。若项目组未能向高层展示BI的作用或潜在价值，则可能无法获得足够的资金。而在通常情况下，建立一个BI项目所耗费的资金是难以预先知道的。BI的预算常常被低估造成预算不足，使项目无法进行下去。BI项目涉及企业的方方面面，受制约的因素有很多，除以上分析的因素，还有如整合风险、财务投资风险等。因此BI项目的实施存在很大的变数和不确定性，项目实施风险很大。一个有经验的项目经理不仅需要掌握项目的进度和质量，还需要根据项目实时的发展状态，判断项目的进展趋势，洞察可能存在的风险，争取在项目建设的初期就发现问题，并进行有针对性的调整。

五、商务智能项目管理水平的提高措施

为了提高商务智能项目的成功率，可以从如下六个方面提高项目管理的水平：

第一，商务焦点。商务智能项目应该一开始就有一个商业依据。商务智能项目的成败应该按照财务指标或者对战略性的商业计划的贡献来衡量。商务智能项目的支持者应确保该项目有适当的商务和技术资源，负责创造商业利益并控制项目范围。

第二，项目经理。好的商务智能项目经理必须能够界定要求、估算资源、安排日程、预估并管理成本、激励团队、解决冲突、监管沟通、与外部资源谈判、管理合同、评估和降低风险、坚持标准方法论和质量流程。许多企业没有正式的流程来确保商务智能的项目经理得到适当的评估和充分的培训。如果没有适当的技能的话，企业就需要增加支持项目经理的资源。

第三，方法论。商务智能项目小组应该从以前项目执行后经验和教训中获得必要的方法论上的指导，如项目的计划、估算、风险评估、范围控制、技能跟

踪、时间和项目报告、方法与标准的维持和支持以及对再利用机会的识别。

第四，变化控制。商务智能项目中的一个特点就是变化，但是在商务智能项目中必须对变化进行管理，所有的变化要求都必须记录下来。对项目的影响和利益也要进行评估，如果要采纳，需要项目支持者签字。

第五，明确目标。大的商务智能项目应该分成许多容易管理的小项目，并界定各项目的目标和进程。主要的功能性部分的执行应该在6～12个月内完成。

第六，项目评估。项目评估不仅讨论已经实现了什么，还讨论即将要做什么。在项目管理中，要界定衡量各种有关项目的指标和各阶段目标。有经验的支持者和项目经理会建立并维持一个做还是不做的取消战略，这一战略要经常请项目小组以外的高级主管来评估。

第四节 商务智能中的价值管理

一、商务智能的商业价值

商务智能作为对信息的提炼和知识的积累，是企业的一项重要的隐性资产，它不能只用传统的指标来衡量。加特纳公司建立了一个名为VOI（Value on Investment）投资价值的理论框架，用来衡量隐性资产投资所创造的价值和财富，这一框架特别适用于衡量企业从商务智能中获得的总体价值。

商务智能的商业价值可以界定如下：展示与商务智能相关的变化和投资如何在一定周期内为商务绩效的改善、竞争力的提高和经济的增长所作出的贡献的衡量指标。解释如下：

第一，展示。使商务智能的关心者和支持者能够把商业结果可视化，并显示商务智能和商业结果之间的直接和间接的相关关系。这样的反馈能帮助企业有效地修改执行计划和目标，并反映出新获得的经验。

第二，与商务智能相关的变化。商务智能项目的成功，取决于在所部署的业务流程内信息技术资源的成功管理以及内部和外部业务人员对信息技术系统的接受程度。这些因素必须包含在拥有总成本和商务机会收益的计算之中。

第三，投资。可能包括为商务智能计划所购买的产品、技能、设施或服务，也包括雇用人员或对人员进行再安置，以及利用其他资源等。

第四，一定周期。指在商务智能实施和运营的生命周期的每一个阶段——从计划书到设计、部署、系统维护、更新，再到退休与替换等。

第五，商务绩效的改善。包括商务智能可能带来的运营成本的降低、新产品或新服务、供应链的精减、库存成本的减少、客户和供应商忠诚度的增强、新收入来源的开创、劳动生产率的提高、运营体系的合并速度的加快、盈利能力的促进或市场份额的增加等。

第六，竞争力的提高。竞争力的提高包括商务智能可能带来的更加有用的竞争情报的获得、客户赢利性的能见度的提高、价值主张的创新、风险管理的改善、渠道合作伙伴的忠诚度的提高和客户管理能力的增强等。

第七，经济的增长。包括商务智能可能带来的遵守法规的速度的提高、对国民生产总值增长的贡献的增大、对全球的影响和对本地的支持的加强。

第八，贡献。商务智能所带来的预期和实际的累积商业价值比直接和间接的累积拥有总成本多出多少。在考虑商务智能的价值的时候，不应只看其财务收益，还必须把隐性收益和指标考虑进去。

第九，衡量指标。用来衡量由商务智能所带来的企业绩效方面的变化的指标。为了能够有效地衡量这些指标，识别它们的初始值、设定目标，不断地对投资影响进行评估是至关重要的。

商务智能投资跟其他信息技术投资项目一样，越来越多地受到企业的审查，要想获得资金和其他资源的支持，必须证明它能够在短期内产生可衡量的对生意有益的影响，但这并不容易。

商务智能的拥有总成本像其他任何一项信息技术投资的拥有总成本一样，是在一定周期内对各项成本的总体评估，商务智能投资的总体评估包括与商务智能有关的所有的资本投资、许可权费用、租赁费用、服务费用、直接和间接劳工费用。商务智能的拥有总成本不只是商务智能初始执行的价格，它必须包括日常运作的成本，这些成本包括购买数据库管理系统和服务器等平台，安装这一平台，部署商务智能工具和应用软件、培训、维护、操作和支持。随着商务智能的部署，平台升级和替换也需要考虑进去。另外要考虑进去的是，在不断进行维护的基础上，改进应用软件和基础设施从而满足不断变化的业务需求所需要的成本。

企业为了能够做出适当的预算，同时也为了能够跟厂商进行有力的谈判，了解未来几年时间内商务智能工程所需要的成本是非常重要的。所以，企业在估计商务智能实施过程的成本的时候，不能只看最初的硬件和软件成本，还必须考虑到支持运作、变化和管理这些因素所需要的未来3～5年内的成本。

二、商务智能商业价值的实现途径

（一）评估企业的准备情况

有很多企业没有充分了解自身的实际情况，就开始实施商务智能计划，由于缺乏足够的支持和投入，或对项目的期望过大，所以很多时候商务智能项目都是以失败而告终。因此在开展商务智能项目之前，必须对各种重要的"软环境"进行充分的评估。例如，公司和各个业务领域是否支持，企业文化支持不支持由分析结果带来的商务流程改造，信息技术部署和收益方面的历史经验如何、技能条件如何等。

（二）有效进行项目的成本管理

加特纳公司估计，由于糟糕的计划和协调，全球五千家大企业每年在商务智能战略上所浪费的金钱至少有400亿美元。为了减少这种浪费，企业可以从以下几个方面进行改进。首先，在数据仓库、数据集市和分析型CRM等商务智能计划之间做好协调工作；其次，充分地利用已有的、可共享的技能和服务；再次，主动地加强员工的培训工作，从培训如何使用工具变成培训如何分析数据；最后，建立和使用合理的商务智能整体框架。

另外，在商务智能的总成本中，数据仓库的成本占了很大一块，而在数据仓库的总成本中，提取、转换和装载的成本占了很大一块。企业可以采取许多措施来减少这些成本。例如，适当地利用提取、转换和装载工具，而不是一味地编写特殊的程序来简化开发与维护，从而有可能减少对支持人员的需求；再如，通过简化数据仓库的架构，从而精简提取、转换和装载的流程，企业可以降低成本、减少延迟并提高数据质量；又如，通过建立集中管理的数据仓库，从而限制数据集市的泛滥，企业可以减少数据移动过程中的重复性，减少对人员支持的需求，减少提取、转换和装载成本并提高对商务变化作出反应的速度和敏捷性。

企业在实施商务智能的过程中，还会发现和总结出更多更好的成本管理方面的实践经验。

（三）准确衡量项目的总体价值

商务智能的商业价值不应该根据单一的商务智能小项目进行，而应该注重各个项目加起来的总体价值。而且，对商务智能的价值的衡量必须有全局和全息观念。例如，加特纳公司建立的用来预测、监视和管理信息技术的全部机会价值模型，也是预测、监视和管理商务智能的总体价值的有效分析工具。利用这一模型在每一个步骤中根据反馈采取有针对性的措施，有助于企业在衡量和管理商务智能的投资绩效时克服流程分散、流程不可靠或流程根本就不存在的常见现象。

第五节　商务智能的管理与运行

一、商务智能与企业运营

企业运营随着工艺、装备和信息技术的不断进步而发展。要实现对生产过程的优化控制与决策，主要依赖于获取数量众多、性质各异的过程信息。从现有的实时生产信息和管理数据库应用情况来看，大量数据的存储和检索已经十分方便，数据的一致性、安全性也有所保证。现在的问题在于如何从大量涌入数据库中的几乎泛滥成灾的数据中获取有用的知识，如提取关于数据整体特征的描述及对其发展趋势进行预测等，以帮助决策者提出问题、发现问题、分析问题和解决问题，在现有的生产条件下，实现硬件系统（特别是操作变量与控制规律、生产计划与调度等）和软件系统（特别是市场营销、采购等）的优化，从而使企业运营自动化综合系统达到总体性能的优化。在这种背景下，企业运营智能的应用日益成为热点。

（一）企业运营的计划管理与预测

大多数现代工业企业都采用以计算机为核心的各种控制系统和生产经营管

理系统（如MIS、MRP、CRM、ERP等），以方便地获取大量有关工业生产过程的历史数据和当前生产的实时动态数据以及企业经营管理数据。一般来说，过程计算机系统记录的是时间上连续变化的数据经采样、量化后得到的数据，本质上是连续的，其变化受到过程状态的约束。此外，过程的行为和特性是由许多过程变量共同决定的，且任何一个变量的变化都将会影响其他变量乃至过程状态的变化，即在空间上，过程变量具有高维数、强关联和非线性等特点。总体而言，企业运营数据具有海量、高维数、不确定性、不完备、不一致性和数据类型多样性的特点。由于过程机理的复杂性，过程操作的结果需要考虑多项指标，很难辨别究竟是属于正常工况的波动还是事故工况的前兆体现。另外，实时数据没有明显的始终点，由于工作环境复杂，电、磁、噪声干扰使得数据易受污染。企业运营数据的复杂性导致工业监控、优化生产的难度加大，数据挖掘技术为解决这些问题提供了强有力的保证。

根据企业运营的特点，建立数据仓库是实现联机分析处理和商务智能的基础。因此，要完成数据的提取、清洗、转换、加载和融合，开展商务智能技术的应用，进行数据挖掘稳健性验证，并在此基础上研究知识的评估算法，实现决策支持。

（二）企业运营的精确化营销

1.精确化营销响应建模

通常，精确化营销活动的响应率比大众化营销活动的响应率要高。响应模型通过识别潜在的客户，即谁更有可能对直接诱导做出响应，来提高响应率。最有用的响应模型应该能够提供对可能的响应的真实估计，但这并不是必要条件，任何可以把潜在客户响应的可能性进行分级的模型都可以满足需要。

使用模型得分的最简单的方式是用它们来列出等级。一旦潜在客户被指定了响应倾向得分，就可以对潜在客户进行排序，把那些最可能响应的人排在列表的前面，最不可能响应的人排在列表的后面。许多建模技术能够用来生成响应得分，包括回归模型、决策树和神经网络等。在获取客户以后，市场营销并没有停止，还会有交叉销售、提升销售、使用激励、忠诚计划等，这些营销活动都是为了留住客户而设计的。

2.交叉销售、提升销售与销售推荐

对于现有的客户，客户关系管理的着眼点在于通过交叉销售、提升销售来增加企业收益。数据挖掘用于发现应该向客户提供什么、向哪些客户提供和在什么时间提供。

交叉销售的方法之一是利用关联规则发现可以一起出售或者倾向于被同一个人反复购买的产品簇。已经购买了其中的某些商品的客户，对于产品簇中那些尚未购买的产品来说就是较好的潜在客户。对于零售店可发现许多这样的产品簇，应用交叉销售方法会很好地发挥作用。

（三）企业运营的生产质量控制

1.生产质量控制中的数据挖掘

在生产质量控制中的数据处理过程中，数据挖掘需要经过多个步骤才能找到其中的规律。

首先，清晰明确地定义生产质量问题。在挖掘数据的过程中，明确目的是至关重要的一步，也是建立数据模型的重要依据。不同的质量问题可以建立不同的数据挖掘模型。

其次，挖掘和搜索质量相关的数据信息，把这些数据信息汇集到数据仓库中。在进入数据库之前，需要进行去噪和纠错；再根据数据的具体情况进行预处理，为进一步分析数据做准备；之后，需要将数据转换为分析模型，分析模型的建立是基于挖掘的数据算法。数据挖掘成功的关键是挖掘算法的分析模型是否合适。

再次，在挖掘转换数据的过程中，一定要选择适合的挖掘算法，并且，挖掘数据比较常用的技术有模糊神经网络、神经网络以及回归网络。

最后，解释并评估数据挖掘的成果，将可以理解并可以重复利用的知识提取出来。比较常用评估方法是可视化技术以及规则、归纳方法。

2.生产质量控制中数据挖掘的应用

为了使工序设置最优化，传统的做法是应用一系列试验方法对工序条件进行选优，对各个加工参数进行试验，以寻找最优化的加工状态。可以采用的方法有级数筛选设计、局部析因设计、反应动力学中心合成设计。此外，对实验得到的数据往往还要采用多元回归分析，让所需的方程在分析中受到检验，以便最终确定最优化的恒定结果区域。上述方法是通过在一定的条件下对工序进行有限次的试验和变更来了解工序条件的，然而这需要特别小心，因为这样的试验会冒生产产品质量不合格的风险，而且会直接影响到正常生产。

（1）运用关联规则发现问题。在日常生产中，质量的异常变化受到机器、人、原材料以及环境等因素影响。数据处理工序一旦出现问题，必须准确地查找出造成质量异常变化的支配性原因，通常情况下，很难准确地找出其中的原因，需要一些简单的数据统计方法和人工经验，但是，这种做法效率低。在数据挖掘的过程中，通过分析原有的处理方法以及异常现象前后的记录，可以找出其中的关联规则以及造成异常变化的支配因素。

（2）趋势预测。趋势预测是指对工序生产的数据背后所隐藏的特征和趋势进行分析，最终给出生产质量的总体特征和发展趋势，如产品的各种加工条件和控制参数（如时间、温度、湿度等）。通过对这些数据进行分析，可以得到产品质量与这些参数之间的关系，这样就可以对改进产品质量提出针对性很强的建议，而且有可能提出新的高效、节能的控制模式。在对工序的生产趋势进行预测时，需要先建立一个或一组模型，然后根据模型的产生数据进行预测，采用的主要方法是分类。分类是根据训练数据集找到可以描述并区分数据类别的分类模型，以预测未知数据的类别。分类可以采用神经网络算法和决策树算法。

（3）综合利用质量控制图以及数据挖掘技术。在控制生产质量的过程中，比较常用的工具是质量控制图，质量控制图的工作原理是通过分析点的分布情况判断工序的异常状况。一旦出现异常，可以通过查找失控原因，并根据原因采取应对措施，以此提高质量水平。控制图中点的分布情况分为异常模式和正常模式。异常模式主要分为混合型、趋势型、系统性以及周期型等。正常模式在控制图上点分布的过程中呈现随机性，也可以说成是以中心线为均值，在控制分布的过程中只受随机分布的影响，并且整个正态分布过程趋于稳定。

控制图对生产过程的监控和预测有一定的作用，然而也存在局限性。无论控制图是否建立在生产过程服从正态分布的前提上，实际的数据不一定符合这一条件，有的数据不具有正态分布的对称性。另外，当数据变化趋势相当缓慢时，如趋势型、偏移型、周期型等情况，仅通过控制图进行观察是不够的。将控制图与数据挖掘结合起来就能起到一定的作用。

在生产过程中通过采集生产质量特性值数据，一方面可用控制图来分析工序的分布状态,区分出生产过程中产品质量的偶然波动与异常波动,并对异常波动及时报警,提示现场人员采取相应的质量改进措施;另一方面用数据挖掘工具如异常检测、聚类分析等方法对数据进行分析,可以对长期走向进行预测,如趋势、周期的变化等,在适当的时机调整工序。

(四)企业运营中财务管理与应用

1.商务智能在财务预测中的应用

财务预测指企业依据已有的财务活动数据,综合考虑目前已经存在的变数以及正在变化因素,通过现代计算技术以及经济学方法,对未来的财务活动发展状况进行判断和预估。在企业财务管理中,财务预测是必不可少的环节。财务预测本身涉及的内容就很复杂,并且,预测过程还是动态变化的,因此,其中包含很多不确定性因素,包括主观因素和客观因素、内部因素和外部因素,如果只是采用简单的传统方法和模式作出预测,很难做出精准的判断。面对这一难题,最有效的方法就是商务智能,商务智能可以在模糊不清、庞大的数据中提取出潜在、有用的知识,新技术的应用建立在会计信息化普及的基础上。在具体应用的过程中,商务智能进行财务预测的主要方法是定量分析法以及定性分析法。

2.商务智能在财务分析中的应用

财务分析的概念是根据相关的财务报表以及相关资料,通过专业的方法系统地分析并评价企业以往的经营结果、财务情况以及现在的经营成果和财务状况,由此给予企业正确的决策。商务智能从财务管理的角度来看,属于新型财务信息处理技术,它主要的特点是可以综合处理大量数据,并依据相关的方法和技术处理数据,从中提取出有助于决策的重要数据。商务智能对于财务分析来说属于更深层次的数据分析方式,相比传统的财务数据分析方式,商务智能应用的基础数据更具全面性,商务智能的数据不单是财务报表中的数据,还有与其相关的业务数据以及会计业务的基础数据,如销售数据、采购数据等基础业务数据,除此之外,还有非财产财务数据,如人力资源信息以及企业背景信息等;另外,商务智能的财务分析更具价值性,不但可以利用切片、旋转等功能引导用户观察数据,还可以统一管理财务分析数据,让用户可以在应用界面中选择重点分析对象,并从中获取关键性数据。最后,商务智能财务分析具有更强的时效性,并且,商务智能财务分析涉及的范围更加广泛,由此可以吸引潜在投资者。

3.商务智能在管理会计中的应用

数据挖掘自动地在大型数据库中寻找预测性信息，利用趋势分析、时间序列分析等方法，建立针对销售、成本、资金等的预测模型，科学、准确地预测企业的各项指标，作为决策的依据。例如，对市场调查数据进行分析可以帮助企业预测销售前景，根据历史数据可以建立销售预测模型等。

投资决策分析本身就是一个非常复杂的过程，往往要借助一些工具和模型。数据挖掘技术对此提供了有效的工具。例如，利用时间序列分析模型来预测股票价格以进行投资，用联机分析处理技术分析公司的信用等级以预防投资风险等。

管理会计师可以利用数据挖掘工具来评价企业的财务风险，建立企业财务危机预警模型，进行破产预测。破产预测模型或财务危机预警模型能够帮助管理者及时了解企业的财务风险，提前采取风险防范措施，避免企业破产。另外，破产预测模型还有助于分析导致破产的原因，对企业管理者具有重大的意义。数据挖掘技术包括多维判别式分析、Logistic回归分析、遗传算法、神经网络以及决策树等，在企业破产预测中得到了广泛的应用。

4.商务智能在危机预警中的应用

财务危机还可以被称为财务困境，从广义的角度来看，财务危机是指企业因为决策、营销等不可抗拒因素造成企业无法正常运行的企业状态，当财务危机发展至最严重的时候，企业只能面临破产。财务危机预警的基础依据就是财务会计信息，企业通过观察和预测财务数据的变化，对可能面临的财务危机进行实时预测和监控。企业的财务状况模型的判断依据是财务预警模式，财务预警模式的依据是企业的非财务指标体系以及财务指标体系。当下，财务的预警模式主要包含以下六种：多元Logistic回归模型、多元判定模型、一元判定模型、联合预测模型、人工神经网络模型以及多元概率回归模型。

二、商务智能供应链智能

在现代化物流的推动下，流通企业经营需要分析和处理的数据信息越来越多，这些数据中蕴含了丰富的市场变化规律以及经营规律。虽然，流通企业并不缺乏丰富的数据，但缺乏足够的有效信息，大部分企业都无法管理和改进业务中的问题，无法有效管理跨界的工作。目前，流通行业最需要解决的问题是如何利用数据为企业发展作出更好的决策。并且，一部分物流管理信息系统只能提供普遍的数据处理和分析功能，并不能从数据中挖掘有效信息和知识，无法从多角度观察和分析数据信息，更无法为企业提供具有潜在价值、预测性的市场变化信息，因此，这部分物流管理信息系统并不能满足管理层目前的数据需求。虽然，市场上现存的一些数据挖掘软件具有一定的数据分析功能，但它们的数据分析还需要根据具体的业务数据作出专门的数据提取和分析，所以，此种分析方式的时效性缺乏，对流通企业来说并不适用。运用这种分析方式具有很大的主观性，难免会产生"长鞭效应"，导致库存多余或物流中心的冗余，更甚者生产出没有市场需求的多余产品。

（一）分析型供应链的界定

信息技术的飞速发展对第三方物流企业的影响也很大。信息技术越发达，积累的数据越多，第三方物流企业如何从大量数据信息中提取有效的信息成为企业发展的关键。解决此问题的有效方法是充分应用数据挖掘技术。

从物流客户的习惯性采购数据来看，通过关联分析可以明确客户的采购需求。比如，从第三方物流企业的角度来看，货物托运的货主除了需要完成托运工作以外，可能还需要包装货物、加工货物和流通货物等。以此类推，此种运营逻辑同样也可以应用到物流运营中，通过拓展客户的需求吸引更多的相关客户。企业可以根据服务内容调整具体的服务方式，便于客户采购相应的物流服务，也可以通过降低价格的方式促进销售等。另外，企业还可以依据客户的消费特征和水平，将客户分为不同的消费类型，并从中探索出实现利益最大化的消费模式，由此分辨出精准的目标客户，并通过个性化的物流服务，增加他们的黏性。除此之外，依据个性化的分类，还可以将精准客户分为不同的消费群体。

（二）智能化供应链管理的功能与体系

1.智能物流系统的基本功能

对流通行业来说，最需要迅速解决的问题是为供应链上的成员提供精准、独特的决策信息。智能物流系统能准确地为各个运营成员提供多角度、立体化、预测性强、潜在价值大的信息数据，让企业可以及时、有效地推进日常事务和战略决策。除此之外，智能物流系统还可以允许各层成员实时监控流通的信息流向、资金流向以及物流等变化。智能物流系统不但实行有效的物流结构，还在建设物流中心、控制库存、运输货物等环节设置了全面有效的运行机制，让物流系统可以以最快的速度适应市场的变化，进而提高工作效率以及决策的有效性。除此之外，企业在应用智能物流系统的过程中还应该减少决策中的主观因素，避免形成盲目、主观随意的决策，消除"长鞭效应"，减少决策失误和经济损失，与此同时，企业还应该根据客户的需求提供个性化服务，生产适销对路的产品，在提升自身产品质量的同时增强客户的黏性。

2.智能物流系统的体系架构

（1）销售管理。其中包括各种销售指数、销售曲线、销售量的预测以及利润分析与预测、销售渠道分析、市场占有率预测。

（2）产品管理。其中包括产品生命周期的分析与预测、产品价格波动趋势分析与预测、产品的定价、实时的价格模型、产品合格率预测。

（3）运输管理。其中包括线路规划和资源调度配置。运输管理的原则就是使运输费用达到最低，运输效率达到最高。线路规划和资源调度配置都是在此原则下进行的。以客户服务和订单管理为基础，在规划线路和资源配置时可以优先考虑重要的客户。

（4）生产和采购管理。根据销售量和订单量或物料清单来决定生产和采购。采用数据挖掘技术，根据预测订单数和实际需求来构建模型，这个模型的输入为销售量的预测数和订单数，输出为需要采购的原材料数。根据这个模型的输出制定实际采购订单，其中还需要结合原材料利用率的预测值和产品合格率的预测值。客户服务包括客户细分、个性化服务、客户信用等级评分。

（5）知识库管理。各种外部知识，诸如库存决策准则、产品放弃准则，系统本身产生的知识，诸如数据挖掘发现的模型，均以特定的格式写入知识库中，在决策过程中将结合知识库进行决策。某些问题可以为决策者提供方案，这样就形成一个闭环的动态知识库。这个模块的主要功能是对物流系统进行评估和改进。运用数据挖掘技术、专家系统分析技术评价整个物流系统中的网络设计是否合理、是否可以改进、物流系统的敏感度如何等。如果整条供应链中的某一结点出现异常情况，系统将自动识别并以短消息的方式通知有关人员，同时采用工作流的思想使这一环节实现一定程度的自动化。

（三）信息共享与智能协调分析

供应链管理是现代管理科学和企业信息化相结合的产物。当今的商业处于一个高度变化的环境中，充满了兼并和激烈的竞争。为了适应这个环境，必须充分利用数据仓库技术准确、及时、完整地收集供应链上的物流、资金流、信息流数据，并有效地分析和利用这些数据，这是作出正确决策和获取竞争优势的第一步，也是供应链管理实践的基础所在。

供应链是由前向的物流、反向的资金流以及双向的信息流，将供应商、制造商、分销商、零售商和最终用户连成一个整体的模式。

物流表示经过采购、制造、库存、配送、分销到零售的各个环节，使原材料不断变形和增值以形成最终产品来满足客户需求的物质流动过程，这个过程看得见、摸得到。资金流表示从客户收到货物开始，开具发票并收讫货款，该货款再经由零售商、分销商、制造商逐级上交的过程，这个过程经常是在物流结束之后才开始的，因而在物流和资金流之间就会形成时间差。同时因为物流账目一般由销售部门负责，资金账目一般由财务部门负责，它们基于不同的会计准则，导致物流和资金流常常在一个会计年度内产生金额上的差异。

信息流则主要是指供应链上单据的流动（在计算机内则是信息的流动），它与物流和资金流都有密切的关系。物流和资金流必须准确、及时、完整地以信息流的形式进行记录和分发，这样才能保证物流和资金流在供应链上正确、流畅地运行。

三、商务智能与协同过滤系统研究

电子商务实现了从物理环境到虚拟环境的转移，提供了更便捷的信息传递和信息服务渠道。但是电子商务商家提供的商品种类和数量非常多，而用户不可能通过浏览器发现自己感兴趣的所有商品，用户也不愿意花太多时间在漫无边际的因特网上寻找商品，更不可能联机检查商品的质量。在没有销售人员参与的情况下，如何向客户提供商品信息，帮助客户顺利完成购买过程，成为电子商务网站迫切需要解决的一个问题。

电子商务推荐系统以客户的消费偏好为基础，准确识别客户的消费习惯，并以此模拟商店的销售人员给客户提供有效的建议，帮助客户消费，避免客户因为信息"超载"无法感受系统的有效性和便利性。电子商务推荐系统的主要作用包含三点：第一，把浏览商务网站的人转化为消费者；第二，提升电子商务网站交叉销售的能力；第三，提升客户的忠诚度。

决定推荐系统成败与否的重要因素是电子商务推荐系统的推荐结果是否准确，当系统推荐的商品无法满足客户需求时，客户很有可能会不再信任系统的推荐信息，将系统信息当作垃圾信息处理。因此，可以从以下三点考察系统推荐的策略性：

系统的个性化程度。系统推荐的信息是否适合目标群体的兴趣爱好，通过准确度衡量信息的有效性，个性化越强越好。

系统的自动化程度。自动化程度可以反馈出用户在获取推荐结果需要付出的努力以及获得成果的难易程度。

系统的持久性程度。主要是指系统是否具备更好的个性化推荐功能，并判断给客户的推荐信息是建立在当前用户会话还是多个用户会话的基础上，抑或是建立在当下的用户会话还是以往的用户会话基础上。

协同过滤，又称为社会信息过滤，其基本思想包括两个方面：兴趣相近的用户可能会对某件商品都感兴趣；用户可能比较偏爱与其曾经购买的物品相关联的商品，如客户在购买计算机时通常还会购买操作系统和办公软件等。在推荐系统中，一方面可以根据用户对商品（项目）的评分以及整个用户群过去的评分记录来判断用户兴趣的相似性；另一方面可以根据用户对各种商品的评价来判断商品之间的相似性，在此基础上预测这个用户对某商品的评分。

基于协同过滤技术的推荐过程分为两个阶段：最近邻的发现和推荐集合的产生。协同过滤的最大优点是不需要分析对象的特征属性，对推荐对象没有特殊要求，能够处理非结构化的复杂对象。

当用户想要通过系统推荐获得帮助时，需要先向系统提供商品评价信息。评价信息可以是隐式的，也可以是显式的。一般情况下，显式的商品评价以数值的形式展现用户对商品的评价，数值越高，表示用户的满意度越高，相反，数值越低，满意度越低。这种收集方式的特点是直接、简单，有助于用户充分了解系统的算法，这种评价方式需要用户明确其中的乐趣，并愿意花时间和精力参与其中。与显性收集方式相比，隐性的收集方式不需要用户参与其中，这种收集方式是在不打扰用户的情况下自行完成的。比如，分析用户浏览不同网页的时间，分析用户的购买记录以及日志文件，通过相关的信息数据分析客户隐性的偏好信息，通过隐性信息映射出显性评价信息。

第六节　商务智能与企业管理创新

一、商务智能与企业信息管理模式的创新

（一）商务智能与企业数据管理

数据管理是指在物理意义上对数据进行操作和管理，在每个数据仓库环境中，这一过程都是必需的。数据必须存储在某一个地方。而且一旦数据被存储，它们必须能够在存储、索引、备份等方面被管理。数据是商务智能赖以存在的基础，因而对于商务智能来说，数据管理是一项内在要求。

1.商务智能与企业数据访问的管理

所有的数据仓库都具有并保持一种或多种访问被收集、转换和存储的数据的途径。这些数据访问应用程序为一个组织中不同层次的商业用户提供了简便的操作界面。利用这些操作界面，人们不仅能够访问数据，而且能够分析数据，以便更好地达到商业决策的目的。置于前端的数据访问工具和技术允许用户获取数据以便加以分析。数据访问方式的多样性表明用户的多样性以及用户决策支持要求的多样性。

2.商务智能与企业数据质量的管理

数据质量通常被界定为一个整理信息的过程，旨在使单个记录准确、不断更新并保持一致。数据质量是一个组织的数据的准确性的反映，数据质量好就意味着一个组织的数据是准确的、完整的、一致的、及时的和有效的。数据质量越好，就越能清晰地反映一个组织中不同系统、不同部门和不同业务线完整而精确的状况。

如果企业的数据质量较差，企业不仅要浪费大量资金去查找和修补这些错误，而且所作出的决策是基于较差质量数据分析得出的结果，因此决策的正确性

值得怀疑。目前，大多数企业没有采取相应的措施来确定数据质量的重要性及其对利润底线的影响。可用作分析维度的数据（如状态、地形和地理位置）或者交易性数据（如日期、数量和成本）的不准确很容易使财务或运营绩效分析的结果不太完整或者不太真实。

（二）商务智能与企业信息管理模式

"在日益复杂的商业市场环境下，企业只有在高度集成内外部信息的基础上，快速地做出精准决策，才能在激烈的市场竞争中占有一席之地。"[①]如何管理才能为企业带来竞争优势和利润，这是商务智能中需要重点考虑的问题。信息对企业的管理具有重大影响，一个企业如何存储、管理和使用信息对于企业的发展具有重要的影响。在许多企业中，出于保密、信任等原因，信息只被少数高级管理人员使用，其他人只能了解部分信息。信息的管理模式极大地影响了企业对信息的利用和信息效能的发挥。例如：

第一，信息独裁——只有极少数人有权获得信息。

第二，信息无政府状态——人人都可以重建自己的信息系统，数据管理处于混乱状态。

第三，信息民主——信息流可以自由流动，但是它处于可控状态。

第四，信息外延——信息超出单个组织的范围，信息更为民主化。通过信息共享机制与合作伙伴、供应商以及客户建立更好的联系。

1.商务智能与企业信息独裁的管理

在实施商务智能的初期，信息特权集中在少数人手中，其他人员无权获得信息，这就是信息独裁。这种模式产生于20世纪80年代，在今天的许多组织中仍然存在。企业积累了大量的信息，但是从中选择有价值的信息却十分困难，企业拥有的信息不能有效地传递给员工。只有企业的高级管理人员才能得到一些有用的信息，并利用这些信息作出决策。这样就产生了一个严重的问题：由于决策是由少数人作出的，企业大多数员工的智慧没有得到充分利用。

此外，还有一种信息独裁模式，即企业行政管理人员和业务经理并没有使用经理信息系统等工具来分析和利用数据。企业中的信息技术分析人员利用专用的

---

① 夏明慧，张莉莉.企业商务智能应用的问题与对策分析[J].中国商论，2020（5）：32.

报告和统计软件分析数据,这些技术分析人员变成了另一种形式的信息独裁者,他们掌握公司数据库的管理权限。如果想要得到数据分析的结果,必须通过这些技术人员。由于这些技术人员总是有很多报告需要准备,而且往往是为公司的高层管理人员准备,所以企业中的中层管理人员的需求通常无法得到及时的满足。而信息分析人员对于提供什么报告、提供信息到何种程度具有很大的权力。从这个角度来看,管理人员丧失了操作、修改和查询信息的能力。从某种意义上讲,行政管理人员作出的决策不是建立在独立判断的基础上,而是建立在那些分析人员提供的信息的基础上。在这种模式下,管理者的作用被削弱,企业的重大决策很大程度上依赖于技术分析人员所提供的分析报告,同时,管理者很难控制分析报告的内容和质量。

在这两种信息独裁模式中,中下层员工都被剥夺了信息享有权,这样就产生了两种阶层:信息特权阶层和信息隔离阶层。信息隔离阶层可能被施加更大的压力以求做出更佳的工作业绩,但是在不赋予其知情权的情况下一直坚持这么做的难度很大。于是他们会要求建立自己的数据库管理系统,以应用于日常的工作,这就是造成数据过载的根源。

2.商务智能与企业信息无政府状态的管理

信息无政府状态源于个人或部门把所需要的信息均纳入自己的掌握之中。由于市场竞争日趋激烈,部门经理发现自己需要获得更多的信息来作出更好的商业决策。他们意识到仅仅依靠信息技术部门提供的信息是远远不够的。

20世纪八九十年代,台式计算机的数量在企业运营中的增加,以及桌面数据库、电子制表软件、文字处理系统和其他应用软件的出现,使独立部门开发自己的信息系统成为可能。其结果是各个部门为了各自的需要而收集和使用数据,因此产生了大量处于信息孤岛情况下的数据。这些数据各自为政,没有和其他部门进行关联,建立在互不兼容的软硬件平台基础之上,根本无法相互连通。比如,用户名单和相关资料没有集中存放以供所有销售人员共享,而是存放于个人计算机中,当某个销售人员离开公司时,他/她的联系名单也就随之消失。数据无法整合,相互之间存在冲突且不够准确,采用的技术手段也不尽相同,信息无政府状态下固有的混乱缺点对企业内部协同和企业赢利造成了严重的破坏。目前,这种信息管理模式在我国的许多企业中依然存在着。这种信息无政府状态不会一直持续下去，一旦企业遭受到数据不一致和数据间联结沟通不畅的损害时，这些部门级数据库将会被统一集成起来。

3.商务智能与企业信息民主的管理

随着信息独裁管理模式产生的问题逐渐被认识，企业意识到让企业内的员工共享信息可以极大地增加信息的使用价值。为了使企业的行为更加敏捷、高效，应该让员工接触信息，并利用信息辅助其日常工作。

为了有效地实施决策，执行人员应该成为决策的一部分。通过利用商务智能工具，可以使企业的工作人员能够在第一时间获得决策的相关信息，并作出正确的决策。在这种模式下，许多决策可以在底层作出，从而减轻高层管理人员的工作负担，降低制定决策的成本，并最大限度地发挥信息在企业内部的价值。

民主化和放权的程度越高，信息的价值也就越大。换言之，有权获得数据的用户的比例越大以及他们能够获得的信息的范围越大，组织的智能化程度也就越高，更容易在竞争中取得成功。

4.商务智能与企业信息外延的管理

信息的价值并不局限在企业内部，企业和外部随时发生着联系。如果企业的客户、供应商和合作伙伴能够及时获得相关的信息，那么企业就能够为客户提供更高的价值，能够促进与供应商之间的合作，以及与合作伙伴建立起战略联盟关系。

企业可以通过建立电子商务网站与客户共享信息，并使客户参与企业的产品设计和生产决策。同时，企业还可以利用商务智能软件与合作伙伴或供应商的数据库建立联系，使自己与合作伙伴的合作和相关业务更为智能化。通过这种形式，企业可以极大地增加外部环境的服务价值，这些价值的增加最终会提高企业的竞争力，并为企业带来更多的利润。

企业可以通过信息外延提供关键信息，满足外部用户的各种需求，这是许多企业战胜竞争对手的重要因素。比如企业通过与供应商共享信息，可以使供应商在第一时间了解自己的需求情况，进而使供应商可以根据下游企业的需要开展生产活动。通过与客户共享信息，可以充分了解客户的消费习惯，并在客户需要迅速作出决策时提供关键信息，培养客户对本企业的忠诚度。

（三）商务智能与企业信息安全问题的管理

由于信息具有易传播、易扩散、易毁损的特点，信息资产比传统的实物资产更加脆弱，更容易受到损害。商务智能系统的用户涉及公司的各个层面，其中的商业信息具有重大的商业价值，容易遭到来自各方的不同形式的攻击，因此信息的安全性极为重要。随着信息技术的发展，企业信息系统中的安全性和隐私性问题已经变成头等大事。商务智能与普通的应用软件不同，能够提供关于商务流程、财务信息、客户和产品的分析结果，因此商务智能的安全性更加重要。但是由于商务智能具有分散性、组织所有权的不明确性以及商务智能的复杂性等特点，企业在制订和执行安全性计划的时候，往往会忽视商务智能。商务智能环境中通常包含关于企业的所有完整而准确的信息，这些无价资产正面临着巨大的安全风险。

与交易处理系统相比，商务智能的安全性更难以控制。对于交易处理系统，其安全性相对结构化，而且是静态的，应用软件有明确的方式接入相应的数据。另外，这些应用软件背后的物理基础设施也相对稳定，工具和数据结构的变化并不频繁。相反地，商务智能和数据仓库环境更加动态化，服务对象范围广而且经常变化，既有企业内部员工也有企业外部人员。另外，物理基础设施也经常是变动的，各种不同类型的工具一直在部署，数据一直在移动（从数据仓库到数据集市，再到终端用户的桌面）。因此，处理商务智能系统的安全性具有更大的不确定性和不可控制性。为了确保商务智能环境的安全性，企业必须在商务智能框架的各个组成部分的层面上解决安全性问题，并从整体的角度在技术上和管理上考虑其安全性问题。

信息安全技术在商务智能系统中的作用非常重要，因此，必须采取有力措施确保商务智能系统的信息安全。信息安全主要包括以下四个方面：信息设备安全、数据安全、内容安全和行为安全。信息系统硬件结构的安全和操作系统的安全是信息系统安全的基础，加密、网络安全是实现内容安全和行为安全的关键技术。只有根据信息安全的目标，在信息系统的硬件和软件的底层采取安全措施，并结合实现行为安全的策略，从整体上采取措施，才能有效保证商务智能系统的安全。

商务智能系统信息安全管理是一项系统工程，不仅涉及组织架构、信息技术、人员素质等各个方面，还涉及国家法律法规和商业规则，是每一个应用商务智能的组织都应该高度重视的问题。必须从两个方面确保商务智能的安全性，即从技术上采用先进、可靠的手段保证商务智能系统信息的安全性，从管理上制定切实可行的信息安全策略和管理制度。

二、商务智能与企业管理流程的创新

商务智能可以用来改进企业客户细分、客户识别和客户保持。这些改进可以降低相关管理活动的成本，增加企业的利润。但是商务智能的这些改进如果不能有效地与企业的业务流程结合起来，是无法增进商业价值的。只有将商务智能所获的知识通过有效的管理手段转化为企业的实际行动，才能提高企业效益，产生可见的价值。

商务智能要求组织能够在管理上进行变革，有效地利用商务智能，改善管理过程（如计划、组织、协调、控制、监测等活动）或业务流程（如欺诈监测、客户订单处理、采购等活动），使得利润上升或成本降低。也就是说，商务智能的价值体现在它应用于管理过程，并对企业的日常运营产生积极的影响，进而导致利润上升或成本降低。比如在供应链管理中，企业往往希望通过设计和优化供应链中的业务过程，为那些能够给企业带来高额利润的客户提供更优质的服务。要做到这一点，制造商需要应用商务智能来识别那些给企业带来更大利益的客户。但是除非这些知识被转换成企业的业务规则，如识别高价值客户的订单，并对其进行优先处理，首先满足这些客户的需求，否则很难真正发挥作用。因此，要发掘商务智能的商业价值，除了要求组织能够为商务智能环境搭建一个良好的技术平台之外，组织必须进行有效的管理和业务过程设计，改变管理方式以更好地利用商务智能。

（一）商务智能与企业流程重组的需求

企业有许多不同类型的流程，包括战略性、战术性、操作计划流程；财务、业务、市场、产品开发、人力资源管理流程；绩效监督和评测流程，质量管理流程和不断完善的流程；供应链管理以及客户关系管理的流程。所有的这些流程都需要运用信息、分析框架、工具来支持管理者作出决策。也就是说，为了达到最优化，这些流程需要商务智能方法。

运用商务智能获得商业价值的关键挑战在于信息、分析框架在组织内部的运用方式，运用商业信息指导业务分析通常是特殊的，方案的选择随着行业或者企业的不同而不同。例如，收入最优化模型针对资金密集型、高固定成本行业，如房屋租赁行业、航空业，但是它们没有被广泛地应用于制造业。在行业内部，信息与分析框架的运用随着公司在行业中地位的不同而不同。ERP、SCM（Supply Chain Management，供应链管理）、CRM等企业应用系统为管理日常事务提供了结构化、自动化操作以及流程标准，商务智能与这些应用不同，商务智能应用对于企业来讲，更加非结构化、更加特殊。下面来看一个商务智能应用的例子。

假设公司A生产一种半定制产品，并在成本上与对手进行竞争。由于成本是竞争的关键因素，公司A实现了一种商务智能的应用以监督生产力，这种应用与企业的战略是一致的，因为生产力的改善对于降低成本来说是至关重要的。实际生产力往往低于计划生产力，因此商务智能的应用提供了有用信息。但是拥有有用的信息与使用这些信息还是不一样的。在以一种及时的方式利用信息时，除非有一个特定的管理流程，否则应用商务智能也不会创造业务价值，因此企业需要进行流程的重组。流程重组的焦点在于回答：①谁应该被通知？②需要作出哪些决策，由谁作出？③需要分析哪些数据和信息，由谁来分析，应使用什么分析工具？④决策如何才能转化为行动？⑤决策的时间表？⑥谁为决策的影响力负责？这些问题的答案将是建立业务规则、标准流程以及标准分析框架的基础，通过这些内容可以对生产力的变化进行有效的响应。

这种方法可以运用所有的计划性商务智能应用，并允许组织对重复的业务状况进行特别的处理，向获取商务智能业务价值的有效、可重复反应方向转移。从这个简单的例子中可以得知：商务智能的商业价值依赖于它在管理流程或者操作流程中的有效运用，从而带来了收益或者降低了成本。因此，流程重组是获取商务智能的商业价值的关键桥梁。商务智能必须融入特殊的业务流程中才能充分发挥其商业价值。

（二）商务智能改善管理流程的方式

管理流程是企业的核心，商务智能在一定程度上改善了这些流程，它改善了企业的效率和为追求效率作出管理决策的准确性。商务智能在某些领域可以改善管理流程，其中包括：

1.规划与预测

一般来讲,规划是面向未来的,它依赖于过去所发生的一些商业信息。来自制造业企业的案例,它要制订产品生产计划和调度管理其供应链运行活动。在通常情况下,这些安排都是有计划的,是一个18个月的滚动期,前6个月要做更多的细节计划。这样规划的关键输入是过去产品销售的商业信息,按业务的性质通常是近3年以来的信息。通过按工厂、按月份、按产品或按产品系列、按客户和渠道,可以了解单位销售量和销售额这样的历史信息,制造商就能够对未来的需求进行预测。这样的预测可以通过与下游的供应链合作商协作来得到加强。例如,Wal-Mart和P&G公司之间供应链合作的例子,P&G公司派人驻扎在Wal-Mart总部以确保它能知道Wal-Mart开新店和促销的计划。基于历史需求记录和影响需求的未来事件的详细信息,商务智能使得P&G公司能够开发优化生产方案和供应链计划,以优化成本和总盈余。

2.预算

与规划相似,预算也是面向未来的,它依赖于过去所发生的商业信息。伴随着产品计划,企业级预算一般始于商业活动的预测,通常表现为单位数量和费用。这一预测经常被扩充以考虑税收增长目标,已经知道的商业事件如获取和/或剥离资产,已经知道要增加的业务等。从电子商务智能的角度来看,预算需要关于起始点之前的销售和费用的历史信息作为对未来销售和费用的预测。在花费方面,许多公司正转向基于费用/管理的活动(Activity-Based Costing/Management,ABC/M)作为一种更好的匹配需求和能力的方式,并优化与商务活动预测级相关的费用。ABC/M是需要把花费和商业活动的输出联系起来的一种能力。例如,关于与销售活动相关部门的花费和产出趋势的历史信息对在预算中计算基于活动的费用是必需的。在更加传统的算法中,通过图表方式表示的历史花费与活动级相关,由此可预测未来投入项目的可用开支,其需要区分固定成本和可变成本。

3.相关管理流程的优化

这些相关联的管理流程有共同的要求:

(1)能够基于相关维度测量绩效,如成本、质量或与计划的联系。

(2)评估当前的状态,明确业绩,准确而有效。

(3)能够判断改善活动的功效和评估朝着预期状态取得的进步。

一般而言,当前信息是用来了解当前状态的业绩,历史信息是用来评估发展趋势和提供输入以基于过去的业绩建立未来的业绩目标。更进一步地，在大公司，一般来说需要在企业多级别上多维度评估业绩，把企业看作一个整体。从商务智能的角度来看，许多组织整合他们需要的所有业绩管理、流程改善、质量管理和/或绩效优化的商务信息是很困难的。基于这个原因，他们也很难配置适当的分析技术，因为这样的技术需要相应的商务信息。例如，统计流程控制需要历史流程业绩信息，为了建立可接受的业绩而取其上下浮动线。再如，公司常常渴望得到一个全面的、组织单元的业绩的多维度评估，而关于所有相关业绩的维度的商业信息往往会在多交易信息系统中找到。商务智能被设计成能够综合各种信息，基于适当的分析技术，能够使能出基于事实的决策，提高商业绩效，并最终使企业获得利润。

第五章　商务智能的应用领域研究

第一节　商务智能应用于零售业

一、零售业中商务智能的现状

随着时代的进步，零售行业的发展瞬息万变，特别是在商超百货行业，数据分析变得越来越复杂。作为数据分析平台的商务智能系统的出现，为该行业提供了个性化的商务智能解决方案，从而推动了行业的长足发展。在零售业中，企业通过销售管理系统、客户资料管理系统、编码系统等，可以收集商品销售、客户信息、库存单位及店铺信息等信息资料。不同的数据从各种应用系统中采集，再经分类整理，存放到数据仓库中，供高级管理人员、分析人员、采购人员、市场人员和广告客户分析、使用，从而为管理者进行科学决策提供帮助。商务智能可实现如下功能：一方面可帮助零售商合理搭配商品摆放顺序、商品退换货、确定主推产品等提升业绩的手段；另一方面使消费者享受更便捷、更个性化的服务。

"随着新零售的兴起，越来越多的实体店开设在线商城，相应地越来越多的电商也开始铺设实体店。"[①]现在的零售行业，业务系统发展迅速，收集的数据粒度越来越细，门店、商品、客流等信息数据量巨大，从而给数据的清洗与分析带来诸多不便。此外，还存在数据统计口径不一、数据响应不及时等问题。目前

---

① 蔡霞.新零售视野下零售业"无界营销"发展前瞻[J].商业经济研究，2019（6）：64.

数据统计在零售行业存在的问题如下：

第一，数量庞大的门店、品种多样的商品以及客流、会员等信息量大，使数据的规范清洗和分析变得更复杂。

第二，各业务系统拥有自己独立的统计口径和统计指标，系统之间互不协调。

第三，报表多以静态数据的形式呈现，无法满足用户所需的灵活、动态的分析要求。

第四，人工报表消耗大量人力，且无法迅速而精准地响应业务异常情况。而商务智能可以针对客户关系管理、零售管理业务优化、日常经营分析等方面给出实用有效的解决方案。

二、零售业中客户关系的管理

随着客户需求越来越趋向于个性化，零售企业需要对客户潜在的需求进行预判，这也使得零售企业的分析难度越来越大。商务智能可帮助零售企业摆脱这一困境。首先，商务智能可以动态监控并且及时采集、挖掘客户的行为、状态以及其他非结构化数据。其次，商务智能可以有效地为零售企业分析客户消费心理、预估消费者的消费趋势。再次，商务智能十分高效，可以通过客户注册的信息，包括性别、年龄、职业以及家庭住址等，对客户可能感兴趣的商品进行预估，方便零售企业及时对商品进行补允，从而使客户和零售企业的关系得到良好的发展。最后，商务智能可以通过对客户的点击以及浏览方向的实时监控，筛选并整合大量的数据，整理出消费者可能感兴趣的商品以及需求方向，从而达到预估消费者需求的目的。

商务智能通过对客户进行长期的分析，用长期的数据对用户下一步的行为进行预测，从而更快速地建立供求关系，完善零售企业与客户关系的管理体系。具体可表现在以下四个方面：

第一，客户的维护与获取。老客户的维护及新客户的获取是零售业发展壮大的根本。零售企业之间激烈竞争，使企业获得新客户的成本不断上升，通常吸收一个新客户的成本是留住一个老客户成本的6~8倍，因此，维护原有客户就显得非常重要。商务智能技术可以帮助企业发现即将流失的客户，使企业根据该客户的特点及时采取适当的措施挽留这些客户。

第二，客户群体分类。商务智能技术可以把大量的客户分成不同的类，每个类里的客户具有相似的属性，而不同类里的客户的属性则尽量不相同。例如，中国移动会把集团客户分为钻石、金牌、银牌及铜牌几个等级，企业可以对不同类的客户提供有针对性的产品和服务来提高客户的满意度。

第三，交叉销售。竞争的激烈性及选择的多样性，使现代零售业和客户之间的关系变动十分频繁。对零售业来说，与已建立关系的个人或团体维持和谐的关系尤为重要。交叉销售可以为原有客户提供新的服务。交叉销售是建立在双赢原则上的，企业会因销售额的增长而获益；客户则会受益于更多更好的产品和服务。商务智能可以帮助企业分析得出最优的销售匹配方式。

第四，客户诚信度分析。数据挖掘技术可以对客户进行差异性分析，从而发现客户的欺诈行为，并对客户的诚信度进行评级，使商家获得诚信度较高的客户。

三、零售业中管理业务的优化

目前，零售店面的信息系统、后台管理、分析功能已经无法满足企业发展的需要。传统的销售系统面临着以下问题：①传统的销售系统缺乏灵活的实现能力；②各系统之间的数据缺乏一致性；③企业缺乏有效的数据利用手段。

商务智能技术的引入可以帮助企业解决上述问题。商务智能可帮助企业实现库存管理、产品促销等功能，实现对零售企业的全面优化。具体体现在以下六个方面：

第一，单一零售行业解决方案。关键的零售功能在店铺级别、总部或各零售门店都可用。从店铺收集的信息首先经后台系统传递、合并后，再进行对账，之后这些信息才被发送至总部。总部生成的信息再被推送至店铺，由具体的店铺执行。

第二，帮助企业快速、准确地制定营销策略。快速搜集最底层的数据，生成准确、及时和全面的数据报告，帮助决策者快速准确地作出决策。

第三，推动企业连锁体系的扩张。针对行业的特殊需求，提供专业模块，优化客户业务流程，为企业的快速扩张提供强有力的、低成本的、高效率的零售管理平台。

第四，减少总体流通成本。通过系统的统筹调配，为企业制订准确的配送计划和促销手段，快速响应客户的需求；及时掌握最终消费者的需求动向，快速调整产品结构和销售策略，实现对客户需求的迅速响应；通过会员管理，支持企业为消费者提供高质量的服务，提高客户满意度，为企业发展培养稳定的客户群体。

第五，库存的合理分布。总部可以及时准确地了解总部和各零售门店的库存水平，以便将库存保持在一个合理的范围内，在保证畅销商品供应充足的同时，避免商品的库存积压。

第六，完善促销决策。针对产品已有的促销数据进行分析，制定产品促销策略，及时补充库存等，为零售经理有效地管理从总部到店铺的端对端运营提供支持。

第二节 商务智能应用于客户管理

一、客户智能与客户关系管理分析

客户关系管理（Customer Relationship Management，CRM）是按照客户细分情况有效地组织企业资源，培养以客户为中心的经营行为以及实施以客户为中心的业务流程。企业为了进一步提升管理水平，长久维持企业和客户的关系，以及能从现有的客户关系中发现价值，需要借助CRM技术来协助企业识别新客户、保留旧客户、提供客户服务及进一步拉近企业和客户的关系。

（一）客户智能的内涵分析

客户智能是指通过整合、分析客户的相关数据，得到洞察客户的信息和知识，帮助企业优化客户管理的决策能力，从而提升客户价值、增强客户满意度。客户智能是典型的商务智能技术应用的领域。客户智能的实施过程是由客户数据的集成、客户知识的获取和应用等阶段组成的一个闭环，使企业能预测和满足个断变化的客户需求，从而应对市场的变化。

1.客户数据的集成

要获取有价值的客户知识，首先需要利用有效的工具集成各种渠道、多个接触点的客户数据（统一的客户视图）；然后再借助多维分析和数据挖掘等方法，有时甚至还需要把这些数据通过以客户为中心的环境进行数据共享，以获取更大的价值。

2.客户知识的获取

把客户的数据从简单的查询上升到提取知识的层次是客户知识发现的过程。客户知识发现的过程是对客户数据进行抽取、转换和分析等处理，从而揭示潜在的、对客户管理决策有效的规律。通常分析客户知识是建立在操作型的客户关系管理系统以及社会化网络积累的客户数据基础上的，应用数据挖掘工具，寻找数据项之间的关联、模式和趋势，发现客户数据中有用的规律。客户知识的获取是客户智能的重要功能，也是客户管理的基础。例如，某客户经常在某家公司购物，却发现该公司并不熟悉他的消费偏好、选用的渠道等消费行为特征，这是因为公司并没有获取客户知识。客户知识主要包括以下类别：第一，客户的偏好知识。这种偏好知识可以由客户直接提供，如客户注册时填写的信息、使用相关业务系统的历史记录、在社区网站明确表达的购买需求等。通过对客户的消费行为、盈利能力进行分析，得到不同偏好的客户分类，然后为不同类别的客户提供差异化的服务。第二，客户的隐性知识。这部分知识包括客户特征、客户的观点、隐含的态度和情绪、客户的关系网等，它们可以由客户的交易记录、在社会化网络发表的购物体验以及在购物平台的评论分析得到。客户知识获取的过程，是对客户建模的过程，也是本文讨论的重点。

3.客户知识的应用

客户知识需要存储在动态的知识库中进行集中管理，以便能把这些客户知识应用到营销、销售和客户服务等业务流程上，嵌入客户管理业务系统，分发到需要的终端。在客户知识产生后，需要分发给营销、销售、客户服务、风险评估和欺诈识别以及客户维护等部门，才能更有效地实现客户知识的价值。例如，SAP为线下的实体销售店提供客户智能应用软件，店员可以通过终端设备读取消费历史、个人信息和消费习惯等客户相关的知识，从而进行个性化的推荐服务。

把客户的知识嵌入业务系统，使营销、销售、客户服务、风险评估和欺诈识别以及客户维护在需要的时候能将其应用到业务处理上，提升客户管理决策的能力。例如，保险公司的保单处理员，在审批保险业务时，可以借助客户知识提供风险预测和保价计算的数据支撑，提高保单业务处理的效率和质量。

目前很多零售企业开始采用客户智能技术，通过分析客户的交易历史记录、购买产品的相关属性，如品牌、材质、尺寸、颜色、外观、价格和质量等，获得客户的偏好，从而为客户提供有效的个性化服务。

客户智能可以被定义为一个动态管理客户与企业之间关系的过程，使企业在客户关系管理生命周期的每个阶段都能实现客户价值最大化。事实上，客户智能是围绕客户互动展开的，其目的是在增加企业收入的同时，提高客户满意度。除了传统的挖掘用户消费数据，为用户智能推荐相关产品外，还可以帮助商家改善销售计划，从而进一步降低商品的价格。

（二）商务智能与客户关系管理

客户关系管理（CRM）是指企业为了获取最高的经济效益，运用现代科学技术对公司与客户之间的关系进行有效管理的一系列商业流程。CRM从客户的角度出发，以提高企业的经营效益为目标，收集客户资料，处理客户信息，为客户提供优质服务。CRM的主要任务是分析客户的购买习惯和兴趣，了解客户的忠诚度，对客户进行分类，寻找潜在的、有价值的客户，从而开展个性化服务，提高客户的满意度和企业信誉度。它有利于企业降低销售成本，有利于开发新的产品，拓宽销售的渠道和范围，为企业制定生产策略和发展规划提供科学依据。

CRM由客户数据的收集与集成、数据的分析与处理、商业决策与服务这三个部分组成，其中客户数据的收集与集成是CRM的基础部分，围绕商业主题展开。数据的分析与处理是CRM的主体部分，从经过集成的数据中发现与客户关联的规则与模式，挖掘有用的商业信息。商业决策与服务是CRM的应用部分，根据数据分析结果制订商业计划与策略，以指导管理决策、客户服务、客户保留和生产销售等商业行为。

CRM与供应链管理（SCM）、企业资源规划（ERP）的集成也是非常重要的。将客户关系管理、企业资源管理和物流网络管理等有机地进行协调和统一，是构成电子商务智能的重要组成部分。在企业资源的分配方面存在一些制约因素，如丰富产品的库存、满足客户的需求、利用促销产品清单开展活动。将CRM体系集成到ERP和SCM中，会极大地优化客户方的利益。CRM与ERP的融合已经取得较大的进步，两者的集成将成为企业向前发展的必然趋势。

客户关系管理（Customer Relationship Management，CRM）与数据仓库（DW）、联机分析处理（OLAP）和数据挖掘（DM）等商务智能技术相融合，就成为客户关系智能。数据仓库可以有效地管理大量、复杂的客户关系，实现客户数据的组织和查询，提高对客户关系数据的管理水平，为决策分析提供基础平台。联机分析处理运用基于多维数列和数据立方体的数据模型，提供一种便利的交互式数据分析方法。数据挖掘是一组高层次的信息处理技术，它充分地利用客户资料来发现潜在的、有用的规则和模式，在客户群体分类、客户评估和行为预测等方面具有独特的优势。

（三）客户关系管理中数据挖掘的应用

对客户关系管理中的客户价值管理而言，客户关系管理关注的是客户整个生命周期与企业之间的交互关系。客户数量越多，单个客户与企业交易或是接触次数越频繁，客户的生命周期越长，最终企业收集到的客户数据量就越大。对于海量的客户数据，企业需要用到数据挖掘技术来分析和处理，发现其中有价值的客户信息，支持企业的市场影响、销售或客户服务决策等。

随着企业业务需求的变化，CRM系统不断拓展，客户数据不断积累。CRM系统需要对收集的数据进行预处理，选择有用的数据，并根据这些数据建立元数据模型。预测和度量模型的构建需要从所收集的数据属性和要解决的业务问题展开，因此，数据模型的构建需要经历一个非常复杂的过程。这个过程还需要综合考虑多方面的因素，从多种建模方案中作出合理的选择，这样才能帮助企业实现发展目标，才能有效地解决企业在经营中面临的各种业务问题。一般在客户关系管理决策之前，我们需要再次对构建的模型进行评价，评价的过程需要通俗易懂。通常可以从两个指标展开评价：一个是支持度，验证的是结果的使用性；另一个是可信度，验证的是结果的准确性。如果评价的结果能够满足业务的需求，则可以进行管理决策。

另外，数据挖掘可以把企业大量的客户根据某些属性分成不同的类，然后，企业针对不同类别的客户提供完全不同的服务来提高客户的满意度。而且，使用数据挖掘技术，还可以对数据库中大量的客户历史交易记录、人口统计信息及其他相关资料进行分析和处理，对流失客户群做针对性研究，分析哪些因素会导致客户流失。然后根据分析结果找到现有客户中可能会流失的客户，企业再据此制订相关计划或方案，改善客户关系，争取保留客户并提高企业效益。

二、客户细分

客户是企业最重要的资源之一。现代企业之间的竞争主要表现为对客户的全面争夺，企业要改善与客户的关系，就必须进行客户关系管理。客户分析是客户关系管理的基础，而客户分析的重要基础是客户细分。

企业运营的前提是确定"谁是你的客户"，然而并不是每一个消费者都适合成为某品牌的忠诚用户。如果企业要最大化地实现可持续发展和获取长期利润，就要明智地向正确的客户群体投入更多资源。通过客户细分，企业可以更好地识别不同的客户群体，再据此采取差异化营销策略，从而能够有效地降低成本，获得更好的市场渗透效果。

划分客户群体是一种对已建立关系的客户进行数据挖掘的常见应用。企业的资源毕竟是有限的，必须根据市场的状况和客户的消费行为进行划分，以有选择地采取更富针对性的营销策略。对客户进行细分可以使企业深刻地认识客户，为不同的客户群提供相应的个性化服务，使双方都受益。可以根据地理环境、产品利润、产品使用率、品牌忠诚度、购买阶段等因素对客户进行划分。划分的手段可根据企业的营销战略来选择适当的数据挖掘技术，如在客户群体的分类标准尚不明朗的情况下，可采取聚类技术对客户群进行划分。企业营销者在聚类分析的基础上，还可采用分类技术对每个客户群的未来状况（如为企业带来的利润率）进行预测。运用数据挖掘的概念加以描述，在较高的抽象层次上对每个客户群进行理解，并在不同的客户群之间进行比较。

三、客户识别与客户流失

（一）客户识别分析

1.客户识别的主要方式

对于大多数企业而言，地球上70亿左右的人中只有很少一部分是真正的潜在用户，大部分人将根据地理、年龄、偿还能力、语言、产品或服务等方面的因素而被排除在外。例如，提供房屋净值信贷额度的银行，它们会自然地把该服务限定为在银行所注册运行的辖区内的房屋所有者；一家出售后院秋千装置的公司会希望得到有孩子且很可能有后院的家庭的信息；一本杂志的目标人群是会适当地阅读，并且对其广告商感兴趣的人。数据挖掘可以在发现潜在客户方面扮演多种角色，并有如下方式：

（1）识别好的潜在客户。好的潜在客户的最简单定义是那些至少表示有兴趣成为客户的人，这一定义被许多公司采用。通过广告或是通过诸如电话或电子邮件等渠道发送信息，发现目标对象很重要。在某种程度上，甚至广告牌上的信息也是定向的：航空公司和租车公司的广告牌往往会出现在去往机场的高速公路上，因为驶向机场的客户很有可能需要这些服务。若要应用数据挖掘，首先定义什么是好的潜在客户，然后把满足这些特征的人群作为营销目标。对于许多公司而言，使用数据挖掘识别好的潜在客户的第一步是构建一个响应模型。

（2）选择合适的通信渠道。潜在客户需要通信，也就是说，企业会有几种不同的方式与潜在客户进行通信。一种方法是通过公共关系，即利用媒体介绍公司并通过口碑传播正面的信息。从数据挖掘的观点来看，广告和直接营销效果较好。广告可以采用多种形式，如火柴盒封面、商业网站的赞助商、重大体育赛事期间的电视节目等。由此可见，广告基于共同特点定位目标人群，然而，许多广告媒介还不能对个体定制信息。

（3）挑选适当的信息。即使是售卖同样的基础产品或服务，不同的信息也只适合不同的人。一个典型的例子是权衡价格和便利程度。有些人对价格很敏感，他们愿意在仓库购物，在深夜打电话，以及不断更改航班以获得更低廉的交易价格。而有些人则愿意支付额外的费用以获得最便捷的服务。基于价格的信息难以激发寻求便利的客户，而且还有把他们引向获利较少的产品的风险，即使他们乐意支付更多。

2.了解潜在客户的方法

找到好的潜在客户的一种好办法是查看目前最好的客户来自哪里。这意味着使用某种方法来确定谁是当前最好的客户。这也意味着需要记录当前客户是如何获取的，以及在获取客户信息时他们的状态、满意度等信息。为了发现潜在客户，了解当前客户在他们还是潜在客户时的特点很重要。理想情况下应该做到下面几点：

（1）在客户成为"客户"以前开始跟踪他们。可以在潜在客户成为客户之前开始记录他们在第一次访问目标信息网站时发出的一个Cookie，剖析访问者在该网站上所做的事情。当访问者再次登录信息网站时，该Cookie会被识别，同时剖析将会更新。最终访问者成为一个客户或者注册用户时，导致这种转变的活动将成为客户记录的一部分。利用Cookie跟踪响应和响应者同样是好的做法。第一个需要记录的关键信息是潜在客户响应或者没有响应的事实。描述谁响应了、谁没有响应的数据是未来响应模型的一个要素。另外，只要有可能，响应数据还应该包括刺激响应的营销行为、响应的渠道、交易的时间以及响应进来的时间。确定许多营销信息中的哪些信息刺激了响应是需要技巧的。在某些情况下，甚至不可能得知究竟是哪些营销手段得到了较大反馈。为了能够找到那些有用的信息，响应表单和目录中应包括标识代码（Identifying Code）。甚至连广告宣传活动也可以通过让用户输入电话号码、邮政信箱、Web地址等来获取这些信息。如果还是无法确定，则可以采用最终手段——询问响应者来区分。

（2）收集新的客户信息。当潜在客户开始成为客户时，存在一个收集更多信息的黄金机会。在从潜在客户转换为客户之前，关于潜在客户的数据往往都是简单的地理和人口统计数据。购买列表中除了姓名、联系信息以及列表源之外不可能提供其他任何信息。使用地址信息可以根据所在社区的特征推断出潜在客户的其他信息。根据姓名、地址以及从营销数据提供商购买的与潜在客户家庭有关的信息，根据这类数据可以把潜在客户定位在一个较为宽泛的目标范围内，如"年轻母亲"或"城市青少年"等一般性分组，但是它们不足以详细到形成个性化的客户关系。

其中，收集的对未来数据挖掘最有用的字段是初始购买日期、初始获取渠道、响应的优惠、初始产品、初始信用评分、响应时间和地理位置。这些字段可用于预测大量的结果，如预期的关系持续期、坏账以及额外购买等。应保持这些初始值，而不是随着客户关系的发展用新值来覆盖它们。

（3）获取时间变量可以预测将来的结果。通过获取客户的交易信息，在随后的时间跟踪客户，企业就可以使用数据挖掘将获取的时间变量与将来的结果相关联,如客户关系的寿命、客户价值和默认的风险等。然后,从这些信息中挖掘出可产生最佳结果的渠道,可用来指导营销工作。通常,有些渠道所影响的客户生存周期会是从其他渠道获取的两倍,企业可以通过采取最佳的渠道来延长客户关系的生存周期,从而达到提高企业的利润的目的。

(二)客户流失分析

客户流失对任何公司而言都是一个严重的问题,对于已经远离初始增长阶段的成熟型行业,这个情况尤为值得重视。毫无疑问,流失控制应该是数据挖掘的主要应用方面。研究流失是很有必要的,因为失去的客户必须由新客户填补上来,而且获得新客户的代价是极其昂贵的,在短时期内新客户往往比已有客户带给企业的收益要少。在市场需求已经相当饱和的成熟行业中,避免客户流失尤为重要。因为新客户的主要来源是脱离竞争对手业务的那些客户。

1.识别客户流失

为了建立客户流失的识别模型,首先要确定什么是客户流失以及如何在这种情况出现时识别它。这在有些行业内是比较困难的,一个极端的例子是在匿名现金交易商务活动中。当一个曾经忠诚的客户放弃他经常光顾的那家咖啡馆,而转向同街区的另一家咖啡馆,熟记该客户情况的那个吧台服务员可能会注意到这一现象,但是该事实却不会被记录到公司数据库中。即使有按客户名字识别流失的情形,要识别某客户是已经流失还是只有一段时间没来,也是一件十分困难的事。

当已有每月一次的结账关系时,如信用卡扣款,客户流失现象比较容易被发现。然而客户流失多半是悄无声息的,如一位客户停止使用信用卡但并未销户。客户流失在预订式的商务活动中最容易分辨,因此客户流失建模在这些商务活动中最常用。长途电话公司、保险公司、有线电视公司、金融服务公司、报纸、期刊和一些零售商都有一个共同的预订模式,在这种模式中有正规的、需要明确终止的契约关系。

客户保持活动很有效,但却非常昂贵。移动通信公司可能会给续约的客户免费提供一部价格昂贵的新手机;信用卡公司可能会对老客户降低贷款利率。谁不想得到免费的手机或者较低的贷款利率呢?许多接受该优惠策略的人即便不被给予优惠仍然会留下来。建立流失模型的动机是计算出谁的流失风险最高,对如果没有额外的刺激就有可能离去的高价值客户提供优惠，使他们留下来。

2.不同类型的客户流失

以上对客户流失的讨论实际上基于流失是客户自发的这一假定。即客户出于自愿，决定把他们的业务转移到其他地方，这一类型的客户流失叫作自发流失。另外还有两种客户流失类型：强制流失和预期流失。

强制流失，即在公司（而不是客户）终止商业关系时发生——最常见的原因是客户未按期付账单。当客户不再属于一个产品的目标市场时，预期流失就会发生，如小孩长牙后就不再需要婴儿食品；工人退休后就不再需要养老金储蓄账户；一个家庭搬迁了，就不再需要将他们订阅的报纸送到原址门口等。

把强制流失误当作自发流失的公司会有双重损失——首先是他们枉费钱财试图留住随后"变得不忠诚"的客户，其次是增加了需要抵消的客户消费额。

预测强制流失也是存在风险的。因为对不大可能付账的客户的处置令人生厌——通信服务被暂停，滞纳金累计增加，催缴信发得很快。这些措施有可能疏远一些也许是忠诚的客户，提高他们自发流失的可能性。

在许多公司内部，自发流失和强制流失由不同的部门负责。营销部门主攻优等客户的保留，财务部门则旨在减少差客户的出现。从数据挖掘的观点来看，无论是自发流失还是强制流失，两者一起处理时效果会更好，因为所有的客户在不同程度上都存在这两种类型流失的风险。

3.不同类型的流失模型

客户流失建模有两种基本方法：第一种方法是把客户流失看作二元结局，预测哪些客户将会离去，哪些客户仍会留下来；第二种方法是设法评估客户的剩余生存周期。

（1）预测哪些客户将离去。把客户流失作为二元结局建模，需要选取一定的时间范围。二元结局流失模型通常有一个相对较短的时间范围，如60天或90天。当然时间范围不能太短，否则将没有时间按照模型的预测来采取行动。包括Logistic回归、决策树和神经网络在内的任何常见分类工具都能够用来建立二元结局流失模型。可以把描述一位客户的历史数据与显示这位客户在随后一段时间内是否仍然活跃的标志结合起来。建模的任务是把即将离去和留下的客户区分开来。二元结局流失模型的典型结果是一个可以按流失可能性对客户进行分级的分值。最常见的分值是客户在该模型的作用时间范围内将要离开的概率。超出自发流失分值阈值的那些客户可以被划归到保持计划中，而超出强制流失分值阈值的那些客户可以被放置到观察列表中。

一般而言，对客户流失的预测既要关注某客户在被系统获取时的已知事件（如获取渠道和初始信用等级），还要关注在客户关系维系中出现的事件（如服务问题、逾期还款和出乎意料的高额账单或低额账单）。第一类客户流失模型提供的信息旨在挽留那些有流失倾向的客户，降低未来发生客户流失的可能性；第二类客户流失模型旨在为减轻流失风险提供参考。

（2）预测客户将要停留多久。客户流失建模的第二种方法的目标是计算出客户可能保持的时间，这比简单地判断该客户是否将在90天内离开更有现实价值。对客户剩余生存周期的估计是建立在客户打算在未来长期保持忠诚的基础上的。

对客户生存周期建模的一种方法是拍下现有客户群的快照，结合这些客户最初被获取时的特征数据，从中发现那些较早获取的长期客户所具有的共同特征，从而直接估计保有期。这种方法存在的缺陷是，被纳入范围的客户出现得越早，他们所处的初期市场环境与当前市场环境的差别就越大，从而导致预测的准确性下降。

四、客户的管理流程

（一）客户的获取与保持

企业已有的客户会随时间而不断流失；同时，随着企业业务范围的扩大还会不断补充新客户，因此企业的业务发展指标一般包括获取新客户的能力。新客户包括那些对企业产品和服务不太了解的客户，也可能是来自竞争对手的客户，企业可采取适当的营销手段来获得这些客户。但是每个客户对企业营销策略的反应都会有所不同（有的敏感，有的消极），同时，现在企业与客户的交流渠道正朝着多样化的方向发展，如电子邮件、电话、门户网站、广告及现场推销等，客户反馈信息的数据量庞大，这就造成营销者难以综合把握市场策略。数据挖掘技术可以解决这个问题，如对反馈信息的客户进行描述并从整体上加以把握，运用数据挖掘中的关联规则技术挖掘他们的兴趣所在；同时，运用一定的赢利判断标准对客户带给企业的赢利能力进行预测，可采取分类技术来处理数据，挖掘出那些对企业感兴趣并可使企业赢利的客户群，使营销人员采取有针对性的促销策略。

现在新商品层出不穷，客户和企业的接触渠道多样化，客户的选择权很大，因而客户流失现象变得越来越普遍。面对如此巨大的市场竞争压力，企业必须保持已有的客户。可通过数据挖掘技术对企业已流失客户的数据进行分析，如进行关联分析以找出与客户流失相关的规则；可根据流失客户的数据建立决策树模型，然后对当前客户进行预测，找出可能流失的客户群，进而采取有效的防范措施。更为积极的措施是在客户群细分的基础上，提供个性化服务，实现"一对一"营销，提高客户的满意度。

下面通过一个服务提供商运用数据挖掘技术来实现客户保留的例子讲述具体的客户保持流程。首先根据企业内部的人力资源专家给出的相关因素（对于数据库而言一般是指属性，下同）选择适当的数据源，然后运用决策树算法进行分类，其结果可以根据客户是否有流失倾向来划分，并找出影响力显著的一些属性；然后用一个季节趋向模型来对客户的业务规律进行建模，根据已有的历史数据进行预测，并运用偏差检测方法来对那些影响程度高的属性进行偏差检测。如果超过某个预定的阈值，将触发预警机制。最后，管理者根据每个客户群的兴趣度进行选择性处理，即是否采取一些防范措施。另外，业务关联的客户群里可能出现客户流失的"链条效应"，即主要客户的离开将导致其他业务伙伴相继离开。用多层关联规则挖掘客户之间的相关性，并在不同的概念层上进行分析，可以在很大程度上杜绝"链条效应"的产生，尽量避免客户群流失。

（一）客户信用评价

识别信用等级差的客户（并且注意信用等级好的客户大约要转变的时间）与留住信用等级好的客户同等重要。大多数受消费者信用风险影响的公司都把客户信用筛选作为一项重要工作。

1.预测费用拖欠

对于任何客户赊账服务，评估现有客户的信用风险都是一个重要问题。总会出现一些客户接受服务后未能如期付款。在一定的时间内没有付款的客户最终会被终止服务，欠下的大量滞纳金将成为企业坏账。设立早期预警机制对于这类公司十分有必要。预警措施包括限制服务的使用，或者缩短付款延迟与中断服务之间的时间。

未付款服务的终止有时称作强制流失,可以采用多种方式建模。在一定的时间内,强制流失常被看作一个二元结局,Logistic回归和决策树技术就适合于解决这类问题。这个问题也可以看作一个生存分析问题,实际上是将问题从"该客户下个月将不付款吗?"转换为"半数客户沦为强制流失客户的时间还需要多久?"

自发流失和强制流失之间的一个明显的区别是,在账单延迟的不同阶段,强制流失常常涉及复杂的交易过程。随着时间的推移,公司可能会收紧指导该过程的规则以控制欠款数量。

2.改进回收资金机制

一旦客户停止付费,数据挖掘技术就能在资金回收方面发挥作用。可以建立模型来预测能够收回的债务的数量,并在某些情况下帮助选择回收策略。回收资金从某种程度上也可以被看作一种销售形式。尽力说服拖欠债务的客户支付拖欠本公司的账单而不是其他一些账单,像任何销售活动一样,一些潜在的付款者更愿意接受特定类型的信息。

为了避免或减轻信用风险,银行在制定决策之前,必须调查企业的经营情况,分析客户的历史信贷记录,评价客户的信誉度和债务偿还能力。数据挖掘技术使得信贷管理模式由定性分析逐步向定量分析转化,科学地强化对信贷客户的信用评估、风险测定、贷款方式的选择和信贷风险权值的管理,有效地防范和控制信贷风险。同时对不良贷款严密监控,提高信贷资金分析和分类的频率,提升信贷决策水平和市场应变能力。

(三)客户赢利能力分析

客户赢利能力与企业的利润直接相关,而不同客户的赢利能力是不一样的。只有知道了客户的赢利能力,企业才有可能采取更为有效的营销策略。例如可根据某种测量客户赢利能力的度量标准,将客户群按不同赢利水平进行划分,对企业的"黄金客户"给予充分重视,可向他们提供增值服务,提高其满意度和忠诚度,为企业未来的赢利作保证。此外再采取分类挖掘技术将客户分成不同的群体,根据各类客户的相近特征(如职业、受教育水平等)上的不同消费行为,可考虑对这些类的客户进行交叉营销。应先有针对性地向这些客户发送电子邮件或者在他们购买时推荐模型预测出来的客户感兴趣的产品和服务，并对结果进行分析以制定相应的营销策略，提高现有客户的消费水平。

客户价值的计算是相当复杂的，尽管数据挖掘技术会对此有所帮助，但是客户价值的计算在很大程度上依赖于财务计算。客户价值似乎可以简单地表述为：从某客户那里获取的总收入减去维持该客户消耗的总成本。但是收入中的多少比例应该归因于一位客户？这是他（或她）迄今为止的全部花费吗？他（或她）这个月花了多少钱？企业期望他（或她）下一年花费多少？诸如广告收入和证券租赁等间接收入应该如何分配到客户身上？

当把所有这些问题梳理清楚，并且公司对既往客户价值的定义已经协商一致，就可以用数据挖掘评估潜在客户的价值了。任务可归结为：评估单位时间内一位客户带来的收入以及评估客户的剩余生存周期；客户欺诈行为的分析和预防。

（四）客户欺诈行为的分析与预防

客户的欺诈行为会给企业造成不同程度的损失，有时可能带来灾难性的后果。对客户的欺诈行为进行防范，可使企业避免意外风险，保持经营秩序正常化。例如，通过数据挖掘中的机器学习算法（如神经网络）建立模型，用一些有欺诈行为的客户样本数据进行训练，然后对现有客户数据进行检验，侦测出具有诈骗倾向的客户；也可以采取数据挖掘中的孤立点检测（outlier detection，又称离群点）技术，找出那些与其他客户不同的客户群来进行防范，同时应注意由于欺诈行为发生的概率很小，要求结果具有很高的置信度。目前，数据挖掘技术和统计学方法已经成功地应用在对信用卡欺诈、电信欺诈、洗黑钱、电子商务欺诈的侦测中。下面主要介绍如何通过数据挖掘对信用卡欺诈进行防范。

信用卡欺诈是指信用卡遭到犯罪分子的盗领、伪造和盗窃等非法使用。由于信用卡欺诈会给发卡银行和合法持卡人带来重大经济损失，对信用卡欺诈的识别和防范一直是银行风险控制中的一项重要内容。按照欺诈者在信用卡交易中扮演的角色进行分类，信用卡欺诈可以分为商家欺诈、持卡人欺诈和第三方欺诈这几种类型。商家欺诈的实施者来源于合法商家的不法雇员或者与欺诈者勾结的不法商家。在现实中，商家雇员有条件接触到客户的信用卡信息（如卡号和密码），甚至持卡离开客户的视线，这都给不法雇员带来了复制或保留信用卡信息的机会。持卡人欺诈则是由不道德的真实持卡人进行的，通常是持卡人充分利用信用卡的责任条款，在收到货物后谎称没有进行交易或者没有收到货物，还有就是在恶意透支后申请破产保护。第三方欺诈是目前信用卡欺诈的主要形式，是指不法分子非法获取他人信息，并利用这些信息伪造或冒领信用卡进行交易。由于非法获取信息的渠道较多[常见的形式为网络钓鱼（phishing）]，欺诈手段也不尽相同。

层出不穷的欺诈手段要求使用不同的数据挖掘技术和统计学方法进行识别和侦测。基于判别分析和回归分析的统计方法，通过对持卡者或者信用卡交易进行信用评估来识别欺诈交易，这种方法得到了广泛的应用。另外，建立分类模型来将欺诈交易和合法交易区分开来，也是一种常用的防范措施。人工神经网络、决策树等分类算法在欺诈的识别上都具有稳健性，取得了较好的侦测效果。

五、客户维度与属性阐述

一致性客户维度是建立高效客户关系管理的关键因素。维护良好的一致性客户维度是实现优秀客户关系管理的基石。

客户维度通常是所有DW/BI（Data Warehouse/Business Intelligence）系统维度中最具挑战性的维度。在大的组织中，客户维度一般非常庞大，包含几十个甚至几百个属性，有时变化非常快。对于超大型的零售商、信用卡公司，其庞大的客户维度有时包含上亿条记录。更为复杂的情况是，客户维度通常表示的是融合了多个内部和外部源系统的集成数据。

如何增加客户多维度属性至关重要。可以使用名字和地址的分析以及其他公共客户属性（包括维度支架表）作为开端，逐步深入讨论其他主要的、有趣的客户属性。当然，客户属性列表通常包含相当多的内容。从客户处获得的描述性信息越多，客户维度就越稳健，越能分析出更有价值的东西。

（一）姓名与地址的语法

无论处理的是个人还是商业实体，通常都需要获取客户姓名和地址属性。操作型系统对姓名和地址的处理太过简单，难以被DW/BI系统利用。许多设计者随意设计姓名和地址列，如姓名1至姓名3、地址1至地址6等，用于处理所有的情况。遗憾的是，要更好地理解和区分客户库，此类杂乱的列毫无价值。将姓名和地址列用上述一般的方法设计会产生质量问题。这样设计的姓名和地址数据列将会受到太多限制，很难采用一致的机制处理称谓、标题和前缀。用户无法获悉某人的姓名，也无法知道如何对其进行个性化的问候。如果查看该操作型系统的其他数据，用户会发现多个客户具有相同的姓名属性，也可能发现姓名列中额外的描述性信息，如机密的受托人或未成年人。

在示例的地址属性中，不同位置采用的缩写形式不同。地址列空间足够大，可以容纳任何地址，但没有建立与邮局规则一致的规则，或者支持地址匹配和横向/纵向识别。

与其使用通用意义的列，不如将姓名和地址属性拆分为多个部分。抽取过程需要针对原先混乱的姓名和地址进行语法分析。属性分析完成后，可以将它们标准化。例如，"Rd"将变为"Road"、"Ste"将变成"Suite"。属性也可以被验证，如验证邮政编码和关联的地区组成是否正确。目前，市场上已经存在专门针对姓名和地址进行清洗的工具，帮助用户开展分析、标准化和验证工作。

（二）国际姓名与地址的考虑

国际化展示和打印通常需要表示成各种语言文字的字符，不仅包括来自西欧的重音字符，也包括斯拉夫文、阿拉伯文、日文和中文，以及其他一些并不为人所熟悉的书写系统。重要的是不要将这一问题理解为字体问题，而是要将它视为字符集合的问题。字体仅仅是艺术家对一组字符的渲染。标准英语包含上百种可用的字体，但是标准英语仅包含相对小的字符集合。除非专业从事印刷工作，否则对一般人来说，这一字符集合基本能够满足他们的所有使用需求。这些小字符集合通常都被编码到美国信息交换标准码（ASCII）中，该标准采用8字节编码方式，最多可以包含255个字符。这255个字符中仅有大约100个字符有标准解释，并可用普通英语键盘来输入。对以英语为母语的计算机用户来说，这通常已经足够了。但ASCII对于非英语写作系统所包含的成千上万字符来说，就显得远远不够了。

Unicode协会定义了一个称为Unicode的标准，用于表示世界上几乎所有国家的语言和文化所涉及的字符和字母。具体的标准内容可以通过访问Unicode的官网来获取。Unicode标准6.2.0版本为110182种不同的字符定义了特殊解释，目前基本覆盖了世界上大多数国家和地区的主要写作语言。Unicode是解决国际化字符集合的基础。

需要注意的是，实现Unicode解决方案的操作位于系统的基础层，要求操作系统必须支持Unicode（目前主流操作系统的最新版本都支持Unicode）。

除了操作系统外，所有用于获取、存储、转换和打印字符的设备都必须支持Unicode。数据仓库后端工具必须支持Unicode，包括封装类包、编程语言和自动ETL包。DW/BI应用，包括数据库引擎、BI应用服务器和它们的报表编写器和查询工具、Web服务器、浏览器都必须支持Unicode。DW/BI架构师不仅要与数据管道中包含的每个包的提供商交流，还需要指导各类端到端的测试（获取一些遗留应用中符合Unicode的姓名和地址数据，并将它们发送到系统中。将它们在DW/BI系统的报表中或浏览窗口中打印出来，并观察特殊字符是否符合要求）。这一简单的测试将会消除一些混乱。注意，即使开展了此项工作，同样的字符（如某个元音变音）在不同的国家（如挪威和德国）也有不同的分类。如果要处理的客户来自多个国家，客户地理属性会变得相当复杂。

另外，有时客户维度可能包括完整的地址块属性。该列是特别制作的，组合了客户邮寄地址，包括邮件地址、邮政编码和满足邮寄需要的其他属性。该属性可用于那些有当地特色的国际位置。

除了前面讨论的名称和地址分析需求以外，还需要牢记以下目标：

（1）通用型和一致性。如果用户希望使设计的系统能够适合国际环境，让它能够在世界各地工作，则需要仔细考虑，BI工具是否产生多种语言的报表转换版本。可以考虑为每种语言提供维度的转换版本，但是转换维度也带来一些敏感的问题。如果属性粒度在跨语言环境下未能保留，则要么分组统计会出现差异，要么不同语言的某些分组将包含不正确的表头。为避免出现这些问题，需要在报表建立后转换维度。报表首先需要以单一的基本语言建立，然后将报表转换为所需的目标语言。所有BI工具的消息和提示符需要进行转换以方便用户使用，这一过程被称为本地化。

（2）端到端数据质量以及与下游的兼容性。在整个数据流程中，数据仓库不是唯一需要考虑国际化姓名和地址的地方。从数据清洗和存储步骤开始，到最后一步执行地理和人口统计分析及打印报表步骤的整个过程，都需要提供设计方面的考虑，以实现对获取名称和地址的支持。

（3）文化的正确性。在多数情况下，国外客户和合作伙伴将以某种方式获取DW/BI系统的最终结果。如果不知道姓名的哪个部分是姓，哪个部分是名，就不知道该如何称呼人，那么将会冒不尊重他人的风险。而且，外国客户和合作伙伴通常会选择与更了解他们的公司做生意。

（4）实时客户响应。DW/BI系统可以通过支持实时客户响应系统，扮演操作型角色。客户服务代理可以接听电话，或者在不多于5s的等待时间后从屏幕上得到数据仓库推荐使用的问候。此类问候通常包括适当的称呼，包含恰当的用户头衔和姓名。这种问候代表一种完美的热响应缓存，它包含预先计算好的对每个客户的响应。

（5）其他类型的地址。我们正置身于一场通信与网络的革命中，如果设计的系统能够处理国际姓名和地址，则必须预先考虑处理电子姓名、安全标志和网络地址。与国际地址类似，电话号码必须根据呼叫源以不同方式表示，需要提供属性表示完整的国外拨号方式、完整的国内拨号方式以及本地拨号方式（需要注意，不同国家的电话拨号方式之间存在一定的差异）。

（三）以客户为中心的日期

客户维度通常包含多种日期，如首次购买的日期、最近一次购买的日期、生日等。尽管这些日期最初可能是SQL日期类型的列，但如果希望根据特定的日历属性汇总这些日期（如按照季节、季度、财务周期等），则这些日期必须转变为引用日期维度的外键。需要注意的是，所有此类日期将会按照日期维度划分。这些日期维度将按照不同语义视图被定义，如包含唯一列标识的首次购买日期维度。

（四）基于事实表汇聚的属性

商业用户通常喜欢基于指标查询或者汇聚的性能度量客户维度，如从所有用户中过滤出那些在上一年度花费超过一定数额的客户。也许他们希望按照客户购买产品数量的多少进行约束统计，然后将查询结果作为维度属性再次进行汇聚，最后计算出客户满意的指标。他们也会提出在所有用户中找到那些满足判断标准的用户，然后在查询的结果之上提出另外一个查询，分析满足条件的客户的行为。但并非所有情况都是这样，建议不要将事实表的汇聚结果当成维度属性来存储。这样，商业用户可以方便地约束属性。这些属性可用于约束和标识，但不能用于数字计算。虽然把事实表的汇聚结果当作后面计算的维度属性能够优化计算过程，但主要的负担都落到ETL过程中，ETL过程需要确保属性的精确性，确保它们是最新的，并与实际的事实表保持一致。如果选择将这些事实的汇聚结果当成维度属性，则这些事实表一定是频繁使用的（一般事实表的数据量很大），这也往往会给服务器带来一些不必要的资源开销。

（五）客户分段属性与记分

客户维度中最强有力的属性是分段类。在不同的商业环境下，这些属性的变化范围显然比较大。对某个个体客户来说，可能包括以下内容：第一，性别。第二，民族。第三，年龄或其他生命分段方式。第四，收入或其他生活类型分类。第五，状态（如新客户、活跃客户、不活跃客户、已离去客户）。第六，参考源。第七，特定业务市场分段（如优先客户标识符）。

类似地，许多组织为其客户打分以刻画客户情况。统计分段模型通常以不同方式按照积分将客户分类，如基于他们的购买行为、支付行为、客户流失趋向或默认概率。每个客户用所得的分数进行标记。

另外，数据挖掘小组是数据仓库的重要客户，是客户行为数据的重要用户。然而，数据仓库用户发布数据的速度与数据挖掘用户使用数据的速度存在不匹配的情况。例如，决策树工具每秒可以处理几百条记录，但是建立"客户行为"的大型横向钻取报表无法以这样的速度发布数据。考虑下列从七个方面横向钻取一个报表的情况，包括基本信息统计、人口统计、外部信用、内部信用、购买、回报和Web数据等，可能会产生几百万条客户行为记录。

数据挖掘小组可能会喜欢这样的数据，如包含上百万此类查询结果的大型文件可以用决策树工具分析。在此分析中，决策树工具将决定哪些列可用于预测目标字段的变化。有了这个答案，企业就可以使用简单方法预测谁将成为优秀客户，而不需要知道其他的数据内容。但是数据挖掘小组希望反复使用此类查询结果，用于不同种类的分析工具。与其反复让数据仓库小组建立复杂的查询来产生庞大、昂贵的查询结果，不如将查询结果集合写入一个文件中，让数据挖掘小组在他们自己的服务器上进行分析。

（六）客户维度变化的计算方法

在业务上，企业通常希望基于客户的属性，尽可能少地与事实表连接来实现对客户维度的计算。如果要跟踪客户二维变化,则需要注意避免重复计算。因为在客户维度中可能针对同一个体存在多行数据,需要针对唯一的客户标识执行COUNT DISTINCT操作或者GROUP BY操作,条件是属性必须是唯一的、持久的。客户维度的当前行为标识也有助于开展客户实时计算的工作。

如果要针对客户的历史时间窗口进行分析,则需要使用客户维度中的有效日期和失效日期进行计算。例如,如果需要知道2021年11月客户数量,假设当前日期是2021年年初,则需要约束行为有效期≥"1/11/2021"且失效期≥"30/11/2021",这样的约束可以限制结果集。需要注意的是,在执行这样的操作的时候,要参考设置有效/失效日期的业务规则。

(七)低粒度属性集合的维度支架表

在通常情况下,设计者应避免使用雪花模型。雪花模型将维度中低粒度的列放入不同的规范化表中,然后将这些规范化表与原始维度表关联。一般来说,在DW/BI环境中不建议使用雪花模型,因为雪花模型总是会让用户的展示变得更复杂,还会给浏览性能带来负面影响。针对这种对雪花模型的限制,我们可以采用支架模型。支架模型类似于雪花模型,它们都是用来处理多对一的关系的。支架模型是指维度表之间的连接,它并不是完全标准的雪花模型,而是从事实表中派生的一个或多个层次,支架模型通常在一个标准维度被另一个维度引用的情况下应用。

维度支架表是来自外部数据提供者的数据集合,包含150个与客户居住县有关的人口与社会经济属性。居住在指定县的所有客户的数据是相同的。与其为每个在同一县中的客户重复保留该类数据,不如将其建模为支架表。支持"不采用雪花模型"的原因在于,首先,人口统计数据与主维度数据相比,它存在几种不同的粒度,并且具有分析价值。与客户维度的其他数据比较,在不同的时间被多次加载。其次,如果基本客户维度非常大,则采用该方法可以节省大量的空间。如果使用的查询工具仅包含经典的星形模型,而没有雪花模型,则支架表可以隐藏在视图定义之后。

可以使用维度支架表,但只可偶尔为之,不要经常使用。如果设计中包含大量的支架表,就应该提高警惕。开发者可能会陷入过度规范化设计的麻烦之中。

(八)客户层次的建模

商业客户问题中最具挑战性的问题之一是对企业组织的内部层次建模。商业客户往往都存在实体的嵌套层次，范围涉及个人位置或组织的地区办事处、业务部门总部以及终端母公司等。这些层次关系可能会因为客户内部重组或者参与收购与资产剥离而经常发生变化。

尽管不常见，但偶尔还是能遇到层次结构比较稳定、不经常变化的企业客户。假设开发者遇到的是最大层次为三层的情况，如地区办事处、业务部门总部和终端母公司。在此情况下，在客户维度上包含三个不同的属性来对应这三个不同的层次。对那些具有复杂组织结构层次的商业客户或者层次结果经常发生变化的商业客户来说，最好将这三个层次适当地表示为与每个层次相关的三个不同实体。

在多层级的企业客户中，客户数据的流转过程一般为：所有地区办事处的数据将汇总到所有业务部门总部的数据中，然后汇总到终端母公司的数据中。终端母公司在进行数据汇总时，可以按照数据来源打上企业的层次标签或者分层次进行存储，保证每个层次都有完整的数据库，方便对这些数据进行各层级的指标分析。终端母公司也可以根据汇总的数据计算企业的某一综合业务指标，然后与行业中的指标做对比，为企业的战略决策提供支持。

在多数情况下，复杂的商业客户层次都具有无法确定层次深度和参差不齐的特性，因此需要采用参差不齐的、可变深度的层次建模技术。例如，如果某一公共事业公司正在制订一个税率计划，用于所有公共消费者，而这些消费者是涉及多个层次的不同办事处，以及不同分支位置、制造位置和销售位置的大量消费者的一部分，则此时不能使用固定层次。最坏的设计是采用通用层次集合，命名为层次1、层次2等。当面对一个参差不齐的可变深度层次时，采用该方法会导致客户维度无法使用。

六、客户行为阐述

客户行为可能非常复杂，下面将讨论客户行为类型分析、连续行为分析以及行为分析模型，同时还将包括事实表的准确时间范围问题和用客户满意度或异常情况的指标标注事实事件。

（一）行为类型的分析

在分析客户时，类似在某个地理区域内已经从上一年向客户卖出多少产品这样的简单查询，快速发展到在上个月有多少客户的购买量比他们在上一年的平均购买量要多多少这样的复杂查询。若要让商业客户用一条SQL语句来表达这样的复杂查询实在是太困难了。常见的做法是嵌入子查询，或者采用横向钻取技术，将复杂查询分解为多条查询语句并分别执行，然后将查询结果合并为最终结果。

在某些情况下，用户希望通过某个查询获得有相似行为的客户集合或异常情况报告（如去年最出色的1100个客户、上个月消费超过1000美元的客户或接受了特殊测试要求的客户），然后使用客户行为类型分析，对某种行为的客户群体进行分析。通过运行一系列查询或者采用数据挖掘技术，对客户行为进行深入分析，把客户分为不同的类型，然后从客户集合中选择某个属性来作为行为类型表的唯一标识。通常会选取能标识客户唯一性的持久键或者其他能与客户持久键关联的属性。行为类型维度不会受制于客户维度的变化，但是会随着客户的年龄、地址等其他基本属性值的改变而发生变化。

建立复杂行为类型分析的关键在于获取需要跟踪的客户或产品行为的主键。然后使用获取的主键在其他的事实表上建立约束，而不需要返回原始的行为。

行为类型分析表附带一个客户维度持久键的等值连接，通过这个表用户就能够清楚地根据行为类型维度把客户的行为显示在视图中。采用该方法形成一个看起来在行为上相似且不那么复杂的星形模型。

由于行为类型分析表异常简单，可以对它们执行交集、合并和差集等操作。例如，本月问题客户的集合可以与上月问题客户求交集以获得连续两个月的问题客户的集合。

通过加入客户行为发生的日期属性，行为类型分析将变得更加强大。例如，行为类型分析可以指导某个客户的购买行为，当他们发现客户购买的花生酱品牌发生变化时，对客户进行研究分析，然后进一步跟踪购买的品牌，观察他们是否再次选择了新的品牌。要正确完成上述工作，跟踪这些购买事件时必须具有正确的时间戳，以便获得准确的行为结果。这种策略在实际生产中有一定的局限性。该方法需要有获取数据仓库中实际行为表的数据接口，并且要有人来管理和维护这些接口。当某个复杂的行为报告定义后，为了能方便地引用这一分析结果，需要从实际行为表选择某一个客户属性来作为行为维度的主键。这些行为类型分析表必须与主事实表使用同一种方式来存储，因为它们要直接与客户维度表关联，这显然会增加数据库管理员的工作量。

（二）连续行为分析的步骤

企业在生产过程中有时需要了解特定客户某段时间的行为动向，借此来改变对该客户的销售策略，这就需要用到连续行为分析。多数DW/BI系统都有实现连续过程的良好示例。通常，从特定位置开始，来考察用户流或产品动向。相比之下，连续性度量需要跟踪客户或产品的一系列步骤，通常通过不同的数据获取系统来度量。有关连续行为分析的典型实例，就是通过客户的Cookie获取客户在连续多个Web页面的会话信息。在分析连续过程时，最困难的就是理解在整个序列中什么是个体有效的步骤。

步骤维度，即客户在整个会话环境中的具体操作。

步骤维度是一个事前定义的抽象维度。维度中的第1行只能用于一个步骤的会话，其中，当前步骤是第1步并且没有其他多余的操作。步骤维度中第1行后紧接的两行用于标记随后两步的会话。其中第1行（步骤键=2）的步骤号为1，包含不止一个步骤，下一行（步骤键=3）的步骤号为2，该步骤后没有其他步骤。步骤维度可以被方便地扩充至100个步骤的会话。

使用步骤维度，可以在特定的某个页面快速找到页面所属的角色（整个会话、连续购买、抛弃的购物车），可以查询每个步骤客户连续购买的页面。通过这个经典的Web时间步骤维度分析，来确定连续会话的"引导"页。还可以查到客户抛弃购物车时的最后一个页面，抛弃购物车之后客户又访问了哪个页面。

建模连续行为的另一种方法是为每个可能出现的步骤建立特殊的固定编码。如果需要跟踪零售环境中的客户购买产品的行为，并且如果每个产品可以被编码，如以5位数字号码编码，那么，能够为每个客户建立包含产品代码序列的文本列。使用非数字的字符来分割代码。这样的系列如下所示：

1 1 2 5 4|4 5 8 8 2|5 3 3 4 0|7 4 9 3 4|2 1 3 9 9|9 3 6 3 6|3 6 2 1 7|8 7 9 5 2|……

现在使用通配符可以搜索特定的产品购买序列或与其一起购买的产品的情况，或者在卖出某个产品的同时，另外某个产品未被卖出的情况。现代关系数据库管理系统也具备存储和处理这些长字符文本的能力，并且也提供很多利用通配符的搜索。

（三）行为分析的模型

企业针对客户的不同行为，会采用几种常用的分析模型，通过数据分析方法的科学应用，经过理论推导，能够相对完整地揭示用户行为的内在规律。通过这些分析，可以帮助企业建立快速反应、适应变化的敏捷商务智能决策系统。

1.常用的分析模型——行为事件分析研究

在现在的互联网模式下，事件传播的速度之快，是我们无法想象的，但是事件能给企业带来的影响也是很难评估的。例如，某电商平台发现某个时间段内商品的销售量有所降低，据客服反馈说有几个客户在平台上买到了假货，发表了一些不好的评论，给平台的声誉造成了坏的影响。这种针对某一事件的分析，我们可以采用行为事件分析法。

行为事件分析法研究某行为事件的发生对企业价值的影响以及影响程度。下面以"网络爬虫的识别"案例来说明客户行为事件分析的过程。某社交平台运营人员发现，自某段时间以来某一地市的PV数异常高，因此需要快速排查原因是真实流量还是网络爬虫。企业可以先定义事件，通过"筛选条件"限定流量来源为这个地市，再从其他多个维度进行细分下钻，如"时间""访问地址""操作系统""浏览器"等。当进行细分筛查时，网络爬虫就会现出原形。

2.常用的分析模型——漏斗分析研究

从启动App到用户最终支付成功，为什么转化率很低，这也是产品经理很关注的问题。这就需要我们对用户的整个行为过程重点关注，所以"营销管理重在过程，控制了过程就控制了结果"也逐渐成为很多管理者的营销理念。漏斗分析模型是企业实现精细化运行、进行用户行为分析的重要数据分析模型，其营销管理的精细化程度以及用户行为对企业有着重要影响。

漏斗分析是一套流程式数据分析模型，它能够科学地反映用户行为状态以及从起点到终点各个阶段的用户转化率情况。例如，在一款游戏产品中，玩家从下载Aro开始到花钱进行游戏，一般的用户会经过五个阶段：激活App、注册账号、进入游戏、体验游戏、购买道具或服务。漏斗模型能展现出各个阶段的转化率，通过对各个环节相关数据进行比较，直观地发现和说明问题所在，从而找到优化的突破口。现在漏斗分析模型已经广泛应用于流量监控、产品目标转化等日常数据运营与数据分析中。

当企业需要对不同客户群体（如新注册用户、老客户、不同渠道来源的客户）的行为过程做分析的时候，我们可以采用漏斗分析，分别对每个客户群体画出漏斗分析模型，对比各个环节的转化率、各流程步骤的转化率，了解转化率最高的客户群体，根据分析结果对不同的客户群体实施差异化的营销措施。

3.常用的分析模型——行为路径分析研究

客户行为路径，顾名思义，是用户在业务实现过程中的路径，在这里就是指用户在App或网站中的访问行为路径。为了验证网站业务流程是否合适，衡量网站优化或者营销活动的效果，时常要对客户的访问路径的转换数据进行分析。以刚才提到的O2O平台为例，客户从登录网站或者App到支付成功需要经过首页浏览、搜索商品、加入购物车、提交订单、支付订单等过程。而用户的选购过程掺杂了很多个人情感，是一个复杂的、难以推测的过程。例如，客户提交订单后，很可能会返回首页继续搜索商品，也可能取消订单，不管哪种路径都有客户的出发点和动机。综合其他分析模型，对客户行为进行深入分析后找到客户的动机，从而引导客户走到企业期望的路径上来，这是行为路径分析希望达到的最终结果。

客户行为路径分析以目标事件为起点，详细分析后续或者前置的行为，最终还原整个目标事件的流向。科学的客户行为路径分析能够给企业带来如下价值。

（1）可视化用户流，帮助企业全面了解用户整体行为路径。通过用户行为路径分析，可以对业务流程中某个特定事件以及上下游事件进行可视化展示。企业可以清楚地查看事件的相关信息，如事件的分组属性值、后续事件列表、后续事件统计、客户流失等。运营人员通过这些事件信息找到客户行为的规律，从而判断当前的业务流程是否合适、营销策略是否有效。

（2）定位影响转化的主次因素，使产品设计的优化与改进有的放矢。行为路径分析对网站的优化、产品的设计有着重要的指导意义。它清晰地展现了从客户登录到购买整个行为流程中各个环节的转化率，发现客户行为和偏好，判断影响转化的主要因素和次要因素，找到当前推荐路径中存在的问题，最终优化推荐路径。

（四）时间范围事实表

在大量的操作型应用中，企业可能希望检索获取客户在过去任意时刻的确切状态。例如，在被拒绝贷款延期后，客户是否处于欺诈警告状态？客户处于该状态多长时间了？过去两年来该客户处于欺诈警告的次数是多少？在过去两年中的某个时间点，有多少客户处于欺诈警告状态？若仔细管理包含客户事件的交易事实表，上述所有问题都能得到解答。关键是在建模步骤包括一对日期/时间戳。第1个日期/时间戳是事务的准确时间，第2个日期/时间戳是另外一个事务的准确时间。如果正确执行的话，客户事务的时间历史将维护一个无缝的日期/时间戳的连续序列。每个实际事务保证用户能够关联到客户人口的统计信息和状态信息。高密度操作的事务事实表的隐含操纵非常多，因为使用者可以在关联的事务发生时重新进行原始事务的统计，如在使用时重新进行人口统计等。

关键的理解在于给定事务的日期/时间戳，对指定时间范围的数据，其人口统计和状态是常量。查询可以利用此类"静态"的时间范围。

对某个给定的客户，事务序列中的日期/时间戳必须构成完整的无缝序列。需要注意的是，如果某个事务的结束有效日期/时间戳比下一个事务的开始有效日期/时间戳要早，则使用类似上述展示的查询可能会导致查询失败。通常，只需事务的结束有效日期/时间戳精确地等于下一个事务的开始日期/时间，即可避免这一问题。当某个新事务行加入时，使用成对日期/时间戳需要如下两步：

第1步，当前事务的结束有效日期/时间戳必须被设置为未来的虚拟日期/时间。尽管在日期/时间戳上插入NULL从语义上可能是正确的，但当在约束中遇到空值时处理起来会非常麻烦。因为在询问该字段是否等于某个特定值时，可能会导致数据库出错。通过使用虚拟日期/时间，就可以避免该问题的出现。

第2步，在将新事务插入数据库后，ETL过程必须检索先前的事务，并设置其结束有效日期/时间戳为新事务最新插入的日期/时间。这两个步骤明显增加了成本，但该方法是在增加后端额外的ETL开销与减少前端查询复杂性之间典型的权衡方法。

（五）满意度事实表

在多数机构中，盈利是最重要的关键性指标，客户满意度通常是处于第2位的指标。但在那些不考虑盈利的组织中，如政府机关，满意度是（或应该是）最重要的指标。

满意度类似于盈利指标，需要集成多种资源。实际上，每个面向过程的客户都是满意度信息的潜在来源之一，无论这一资源是销售、退货、客户支持、计费、网上活动、社会媒介,还是地理定位数据。

满意度数据可以是数值,也可以是文本,还可以用两种方式同时对客户满意度建模。度量可以是可加的数值事实,也可以是服务级别维度的文本属性。满意度的其他纯数字度量包括产品退货的数量、失去客户的数量、支持呼叫的数量,以及来自社会媒体的产品态度度量。

(六)异常情景事实表

累积快照事实表依赖一系列实现流水线过程的"标准场景"的日期。对订单实现来说,包含的步骤有订单建立、订单发货、订单交付、订单支付和订单退货等标准步骤。累积快照事实表的设计在超过90%的情况中都会成功。

但是如果偶尔出现偏离正常的情况,目前没有好的办法用于揭示发生了什么情况。例如,也许是当订单处于交付期时,送货的卡车轮胎瘪了。于是将货物卸载并重新装载到另一辆卡车上,但这时开始下雨,货物被雨淋湿了,客户拒绝收货,最终不得不对簿公堂。在累积快照的标准场景中往往没有考虑对此类情况建模。

描述针对标准情况的异常情况的方法是在累积快照事实表上增加一个发送状态维度。针对此类异常的交货场景,可使用状态异常标记该订单完成列。如果分析人员希望查看整个过程,则可以通过订单号和整个过程所涉及的列表号连接伙伴事务事实表进行查看。事务事实表连接事务维度,表明该事务的确出现轮胎漏气、货物损坏和诉讼等。尽管该事务维度将会随时间不断增长,但整体仍将呈现出有界且稳定的状态。

第三节 商务智能应用于电子商务领域

一、电子商务领域的智能搜索

"在万物互联和万物智能的时代,人工智能融入我们的生活,正在快速地改变着人们的生产和生活方式，电子商务领域表现得尤为突出。"[1]在互联网时代，无论是经常使用的搜索引擎，还是日常购物的电商平台，人们如果想要获取所需知识，就必须利用智能搜索。而智能搜索的关键就是搜索引擎。

搜索引擎在用户访问互联网时是不可或缺的，它可以帮助用户快速、准确地找到所需的信息或资源。目前的主流搜索引擎大多是基于关键词的查询（如百度、谷歌等），这种方法仍然存在以下问题：

第一，基于关键词的查询方式受到网页更新频率的限制。如果有关网页信息无法及时更新，就会不可避免地影响搜索结果，这就要求搜索引擎定期更新，更新不及时还会造成链接失效等问题。

第二，搜索引擎的智能化程度还不足以满足用户的精确度需求。在用户的搜索结果中，经常会存在大量与所需信息无关的干扰信息，用户从这些结果中再过滤出需要的信息，会耗费更多时间。

第三，搜索引擎优化空间变大，但是难度没有降低。搜索引擎广告位置减少，预示着同样位置排名的搜索引擎优化（Search Engine Optimization，SEO）流量正在稳步提升，但是各大搜索引擎都加大了与行业大站的合作力度，这种变相的广告位置正在抢夺SEO小站流量；PC流量移动化趋势明显，未来移动端流量将越来越重要，SEO未来将从重视PC端转向"PC+移动"。虽然只是增加了一个移动端，但是工作量增加了，操作的难度也在变大，毕竟移动端屏幕小，操作简单、快速，在PC端首页10个SEO排位或许可以得到客户垂青，但在移动端这个情况已发生改变。通过Web挖掘技术，不仅可以提高搜索结果的准确率，而且能够提高搜索效率。

（一）网络机器人的功能

网络机器人（也称为网络蜘蛛、网络爬虫等）在针对互联网的数据统计、数据搜索、链接维护等方面被广泛使用。分析、获取互联网的链接和读取各链接所对应的网页内容是网络机器人的两个主要功能。网络机器人为完成任务必须具备一定的智能，可以概括为以下六个方面：①对无效的死链接、黑洞式链接等具有分析处理能力。②判断某一页面所含链接的重要性。③提取网页中的有效链接，

---

[1] 倪楠. 人工智能时代电子商务技术监管研究[J]. 行政论坛，2020，27（4）：131.

剔除广告等无意义链接，处理文档中链接的书写错误。④链接内容发生变化时，具有迅速、及时的更新机制。⑤识别访问过的链接。⑥控制向服务器目标发送请求的频率或速度。

在特定领域进行信息搜索，网络机器人应能够对文档的相关性进行判断，过滤掉不适宜的文档，从而降低索引的混乱程度，使搜索结果更加纯净。

（二）文本分析的功能

文本分析是指对文本的表示及其特征项的选取。文本分析是文本挖掘、信息检索的一个基本问题，它把从文本中抽取出的特征词进行量化来表示文本信息。文本（text）与信息（message）的意义大致相同，指的是由一定的符号或符码组成的信息结构体，这种结构体可采用不同的表现形态，如语言、文字、影像等。文本是由特定的人制作的，文本的语义不可避免地会反映人的特定立场、观点、价值和利益。因此，由文本内容分析，可以推断文本提供者的意图和目的。

文本分析所研究的内容包括：提取索引项、自动摘要、自动分类器、文本聚类等。文本分析所依据的主要是文本中包含的词汇、超文本标记和超链接。

（三）搜索条件的获取与分析功能

当前的多数搜索引擎更注重易用性，导致在用户查询请求的获取和分析上投入较少。通常搜索引擎支持最多的是关键词搜索及在此基础上的逻辑运算、在初步搜索结果中再搜索和限制条件较为复杂的高级搜索。个别搜索引擎宣称支持自然语言查询，实际上还是以关键词为核心的简单句查询。在分析算法不是很有效的情况下，这种简单的用户信息获取方式势必直接影响搜索结果的准确性和相关性。

二、电子商务领域的情感分析

网购已经成为人们生活的日常行为。大部分用户在网购的时候，除了关注商品本身外，大多还会关注该商品的用户评论数据，来更客观地了解商品。但是用户面临的一个主要问题是商品数据规模庞大，每个商品的评论数据也很多，这样用户就很难准确判断商品的好坏，从而影响用户的购买欲，进而影响商品的成交量。因此，商务智能对于评论数据的分析可以实现两个功能：一方面是帮助消费者快速掌握该商品的数据以便决定是否购买；另一方面是帮助生产者发现产品自身问题，以优化商品。

情感分析也被称为观点挖掘、意见挖掘，它通过对包含感情色彩的数据进行分析，得到数据中的主要情感（如积极、消极等），将情感分析应用到电子商务中，就是通过对商品所有的讨论数据进行分析，挖掘出已购买过商品的用户对该商品的情感倾向，为其他用户提供有价值的参考，同时这个结果也可以作为商家推荐商品的依据。

电子商务情感分析工作流程主要包括评论数据的收集及处理、情感词的扩充、词向量模型及情感分析模型的建模与训练、基于规则的数据分析。

（一）评论数据收集与处理

评论数据主要来自天猫、京东和亚马逊等主流电商网店的商品评论，依据评分数对评论内容进行正负评论的划分，并将评论的主题及具体评论数据拼接在一起作为评论数据。

（1）数据去重及清洗。在评论数据中会存在大量重复数据，如"这个很好吃""这个非常好吃""这个味道不错"等，它们表达的都是同一个意思，但是这类重复数据会对分析结果造成影响。为了去除这些因素的影响，需要对数据进行去重处理。去重算法有很多，如Simhash算法、SpotSig算法等，实际中可根据具体情况进行选择。除了重复数据，过多的垃圾数据也会影响分析结果，如广告宣传、特定模板回复、网址等。数据清洗主要基于如下原则：评论过短、评论中有广告词、基本模板的评论、含有网址的评论。最后再利用去重和过滤算法进行循环处理，直到数据稳定，则认为数据处理完成。该数据可作为后面模型的训练数据。

（2）评论数据分词、去停用词。可以利用中文分词工具，如NLPIR汉语分词、Jieba分词等，对评论数据进行分词处理。如"我去过北京天安门"的分词结果是"我 去过 北京 天安门"。分词后的结果可能还存在一些停用词，停用词是指一些信息量很低或没有信息量的词。我们也要将评论数据中的这些词过滤掉。可以采用正则"表达式+停用词表"的过滤方法筛除停用词。例如，分词后为"我 第一次 购买 客服 和 售后 都 很好"，停用词过滤结果为"第一次 购买 客服 售后 都 很好"。

（二）扩展特征向量的构造

词向量模型，即将词的0、1表示转换为分布表示，如"中国"可以表示为[0.23，-1.25，0.26，0.53，-0.3…]。这个方法通过实数向量词，每一个向量维度表示一个隐藏的特性。通过相似度可以判断两个词的相关程度，可使用余弦定理或欧氏距离来计算。如"苹果"和"梨"通过这个方法计算的相关度会比"苹果"和"咖啡"的相关度高。利用这种方式计算词的近义词，然后对讨论数据分词的结果进行扩展匹配，以解决评论数据离散、短小的问题。

可以使用CBOW算法训练出词的特性向量，然后通过余弦定理对待扩展词和训练词进行相似度的计算，并对结果进行排序，保留和该词相似度最大的前N个词作为结果，并将该结果保留到HDFS上，通过getmerge将其获取到本地，然后对本地评论数据进行扩展匹配，得到扩展数据。

（三）情感词库的构建

情感词库的构建及完善可以由两部分组成：一是固有的情感词典，二是通过情感词扩展得到的情感词。

情感词典包含23419个汉语情感词，并且每个情感词对应各自的情感极性值，其基本格式为"情感词从极性值"，如"勇敢1.247"，"开心1.174"等。但是固有的情感词比较少，还是需要扩充。

对于情感词的扩充，可以使用CBOW算法，计算出每个情感词的实数向量，再利用词扩展匹配算法得到相似度排名前5或前10的词语，作为情感词的扩充，以此完善情感词库。

（四）情感分析的模型分类

情感分析模型大体可以分为向量空间模型和概率模型两类。

（1）向量空间模型，如词频-逆文本频率指数（Term Frequency-Inverse Document Frequency，TF-IDF）模型。这种模型用于评估一个字词对于一个文件集或一个语料库中的其中一份文件的重要程度。其主要思想是：如果某个词或短语在一篇文章中出现的频率高，并且在其他文章中很少出现，则认为此词或者短语具有很好的类别区分能力，适合用来分类。但是这种方法没有考虑文字背后的语义关联，可能两个语句中共同出现的词语很少，但是两个语句的意思是相近的。

（2）概率模型，如隐含狄利克雷分布（Latent Dirichlet Allocation，LDA）模型，是一种文档主题生成模型，也称为三层贝叶斯概率模型，包含词、主题和文档三层结构。文档集到主题集服从概率分布，词集到主题集也服从概率分布。

（五）情感倾向值的计算

情感主题确定是通过评论数据的特征向量，结合情感分析模型与情感词库中情感词的极性，将该评论划分到某个情感对应的主题中。对于商品的各条评论都包含一定的情感词，通过对评论数据进行处理，将其表示为基于词的集合，然后对其进行情感主题确定。其中，感情主题确定可以采用基于概率和余弦定理的方法处理。

情感倾向值计算，首先依据情感词库，通过散列算法逐条对评论数据进行情感词抽取。由于同一个情感词，在不同语境中可能出现极性增强、减弱甚至反转的情况，所以在抽取到情感词后，不能直接计算情感倾向值。例如，"这个味道特别好"，极性增强；"这个味道没有想象中的好"，极性减弱；"这个味道真是'好'，哎！"，由于单引号的出现，极性完全反转。因此，在计算情感倾向值时，需要引入一些规则来规避以上情况。

（1）语句中出现否定词："没有、不、无、非、拒绝"等。首先确定这些否定词和情感词是否存在修饰关系。如果两者之间无其他情感词和否定词存在，说明否定词修饰了情感词，则情感词极性发生变化；如果两者之间存在否定词，则又需要分为两种情况。一种是否定词不重复，则认为是双重否定，情感词极性不变；另一种是否定词相邻，则表示程度加强。

（2）语句中出现程度副词："很、非常、格外、更加、稍微"等。如果程度副词和情感词之间没有其他程度副词，则认为情感倾向值对应单倍增强；如果程度副词和情感词之间存在情感副词，则根据出现次数及强度，进行乘法运算得到计算情感倾向值加强倍数。

（3）语句中出现连词。连词分为并连词和转折连词。并连词有"和、不但……而且……、不仅……还……、二者都"等；转折连词有"虽然……但是……、仍然……然而……"等。对于并连词的出现，是对情感同一方向的增强或减弱；对于转折连词的出现，是对情感的一个变化，用户先表达一种情感，然后转折强调另外一种情感，相对转折前，要对转折后的情感给予增强或减弱。

（4）语句中出现影响情感极性的符号，主要关注引号和问号。对于引号，可认为是情感极性发生反转，即实际情感与当前含义相反；对于问号的情况，如果语句开头是反问词，如"难道"等，则表示情感极性可能发生变化，如果其中还有"为什么、是……什么……"等词语，则判断为一般疑问句，其情感当作正常处理。

通过以上情况的过滤筛选，最终可以计算出用户评论的情感值和情感倾向值。商品的情感值和情感倾向值可根据用户评论的情感值和情感倾向值来确定，最终可把用户评论和商品的情感倾向分析同时呈现出来，为用户购买商品和商家推送商品提供科学的参照。

三、电子商务领域的智能推荐

当今时代，互联网已经融入人们日常生活的方方面面，如何针对用户搜索的内容，快速、准确地将搜索结果反馈至用户，以满足其需求，这就需要用到商务智能的智能推荐技术。

互联网的普及和快速发展产生的大量信息，满足了用户对信息的需求，但同时也降低了用户对信息的使用效率，这就产生了另外一个问题——信息超载。随着电子商务规模的进一步扩大，为客户提供越来越多商品选择的同时，信息结构也变得更加复杂。一方面，客户面对大量的商品信息束手无策，经常会迷失在大量的商品信息空间中，无法顺利找到自己需要的商品；另一方面，商家数据库里保存着大量客户的信息，当商家有商品要促销时，无法从大量的客户中找到正确的促销对象。

智能商务针对信息超载问题有一个非常有效的办法，就是智能推荐。它是根据用户的信息需求、兴趣等，将用户感兴趣的信息、产品等推荐给用户的个性化信息推荐系统。与搜索引擎相比，智能推荐系统通过研究用户的兴趣偏好、日常行为等数据，进行个性化计算，由系统发现用户的兴趣点，从而引导用户发现自己的信息需求。一个好的智能推荐系统不仅能为用户提供个性化的服务，还能与用户建立密切关系，让用户对推荐产生依赖。这里的智能推荐系统是广义的概念，它的功能在于发现具有潜在市场价值的客户和商品，包括通常所说的推荐（Recommendation）功能和营销（Direct Marketing或Targeted Marketing）功能。之所以强调个性化，是因为需要推荐系统能为每个用户推荐适合他们偏好和兴趣的产品，而不是千篇一律地推荐。

智能推荐是一种信息过滤技术。在信息过载的电子商务时代，智能推荐系统（Intelligent Recommendation System）可以通过预测客户的偏好和兴趣，来帮助客户找到需要的信息、商品等，同时也可以间接地提升商品的销售额。利用个性化商品推荐，还可以帮助商家有效提升客户的生命周期价值和转化率。因此，电子商务智能推荐系统具有良好的发展和应用前景。目前，几乎所有大型的电子商务平台（如淘宝、京东、亚马逊、当当等）都不同程度地使用了各种形式的智能推荐系统。各种提供个性化服务的Web站点也需要智能推荐系统的大力支持。

智能推荐系统能够在用户没有给出明确需求的情况下，帮助用户快速发现有用的信息。系统根据用户的注册、浏览、交易和评论等历史行为数据对其兴趣进行建模，然后把用户模型中的兴趣需求信息和推荐对象模型中的特征信息进行匹配。同时使用相应的推荐算法进行计算筛选，找到用户可能感兴趣的推荐对象，然后推荐给用户。

第四节　商务智能应用于企业绩效管理

对企业来说，仅仅有正确的战略还远远不够。如何把战略转化成计划、监督实施以及对经营管理绩效的洞察则是使企业战略能够顺利实施的重要保证。绩效管理的作用就是使企业战略目标和年度计划成功落地。

企业绩效管理是随着用户对商务智能认识的加深，由商务智能技术衍生出来的一个特定应用模式。企业绩效管理是商务智能在业务领域的具体应用，商务智能技术是企业绩效管理的技术基础，可对各种管理应用生成的企业数据进行分析、帮助管理者认识企业和市场的现状，从而辅助用户决策，深刻洞察企业当前的经营状况。

一、商务智能应用于企业绩效管理的层次分析

第一，战略层。企业绩效管理的用户主要是企业高层的决策人员，如CEO、CFO等，帮助企业制定合适的战略目标和关键绩效指标，跟踪战略目标的进展，及时找出经营问题的根源。战略层的企业绩效管理往往利用平衡计分卡（Balanced Score Card，BSC）、综合财务和非财务指标。

第二，管理层。在战略层制定了相应的战略目标后，由管理层分析这些目标实现的可行性、需要的资源和实现的方式等问题。然后为规划和预算达成共识，最后是任务分派和具体问题的例外分析、调整等。例如，当销售部门经理发现销售额下滑时，通过企业绩效管理具体分析，并追踪原因，按照产品维度或者地区维度展开分析，也可以参考关键绩效指标进行分析。

第三，业务层。管理层的规划把目标细分落实到业务人员，他们负责具体的事务、日常监控以及报告处理等。企业绩效管理把战略层、管理层和业务层等有机地结合起来，完成企业的目标。可以说，企业绩效管理是企业的目标分析与目标实现之间的桥梁，帮助企业有机协调各个组成部分。企业的绩效考核是把企业目标层层分解的过程：由总经理的考核指标分解为部门经理的考核指标，各个岗位的指标由部门经理的指标分解而来。

二、商务智能应用于企业绩效管理的闭环流程

通过即时、持续地计算各种企业绩效指标，监测企业实际运营与计划目标的偏差，可帮助主管分析原因或趋势。通过闭环流程，企业绩效管理帮助管理人员有效地掌握企业经营管理信息，使企业的绩效与企业的战略目标保持一致，最终把战略转化为行动，实现企业战略与执行的统一。

第一，战略制定。决策层根据企业的发展方向确立公司的战略目标，通过对市场、竞争对手的分析以及对企业现状、能力的评估，明确实现战略目标的基本要素，如顾客满意度、卓越的产品品质等，从而制定理想的、切实可行的目标，包括企业的长期规划和短期计划。衡量这些目标的进展可以用关键绩效指标，它们在一定程度上反映了企业的现实状况。在制定了战略目标之后，需要根据企业和市场的实际情况，选择适当的商务模式实现目标。

第二，预算规划。预算规划为实现战略目标而对企业人员和资金进行预分

配,把企业的战略目标层层分解到各个部门并最终落实到每个员工身上。

第三,监控分析。事先制定的规划经常会受到市场环境变化的影响,所以需要提供监控机制以确保规划的适当调整,通过监控企业的运营绩效,发现规划和实际进展的差距。如果有差距,那么就需要及时采取相应的行动进行调整,因此监控是企业绩效管理闭环流程中尤为重要的环节。

第四,调整执行。调整执行实际上也是比较重要的环节,在前面预算规划、监控分析等环节中发现偏差时,就需要在这一步解决,确保企业目标的实现,使企业朝着正确的方向发展。而商务智能在这里也发挥着比较重要的作用,因为除了监测的结果和预警信息外,管理人员还需要大量的细节数据和信息以进行调整。

第六章　大数据背景下商务智能的应用创新

第一节　大数据对商务智能应用的价值

"随着大数据技术的快速发展，由于大数据具有数据资源规模化、海量化、开放性以及融合性等多方面的特点，因而对商务智能决策具有十分重要的作用。"[1]在当前信息技术飞速发展的大背景下，需要不断改革和创新企业经营与管理模式，在企业经营和管理工作中广泛应用商务智能，有助于优化业务决策体系，起到良好的支撑作用。大数据技术能有效整合数据，所以可以将其与商务智能相结合，二者相互配合，从而提高商务智能的整体水平。目前一些企业应用商务智能的现状表明，虽然很多大中型企业已经开始研究商务智能的应用，对企业经营决策体系建设与商务智能应用的组合也十分关注，但很多企业在具体实践过程中对大数据技术的应用价值认识还不够深刻，所以商务智能应用的过程中存在诸多问题，如有些企业忽略了OLAP、数据仓库、数据挖掘等技术的应用效果，导致对大数据技术应用研究缺乏系统性。为此企业在应用商务智能时，首先要深入了解大数据技术的重要作用，重视提高商务智能的整体水平，科学合理地运用大数据技术，加强对大数据技术的系统性研究，致力于提高商务智能水平，从而优化企业经营管理。

数据资源是企业的无形资产，也是企业的重要资源体系，作为企业发展的基

---

[1] 刘星. 商务智能基于大数据的有效决策[J]. 中国商论，2019（3）：39.

础，能够有效促进企业科学决策，完善经营管理，起到强大支撑作用。大数据能够整合各类资源，对资源进行有效分析，所以在商务智能应用中，大数据具有十分重要的价值，企业应该深刻地意识到这一点。在企业商务智能中应用大数据技术，有助于提高商务智能应用能力，尤其数据是商务智能的重要基础，大数据技术和传统的数据库又有着本质上的不同，不仅可以收集相关数据，而且可以对其进行分析并加以应用，能够促进商务智能科学化发展，对创新性应用也起到十分关键的作用，如企业业务系统中存有多方数据，包括供应商、客户、交易账目、订单等，在应用大数据技术对这些数据进行整合的基础上，能有效提高商务智能的系统性以及针对性，此外，还具有战略意义，让商务智能的整体水平提升。在企业商务智能中应用大数据技术，也有助于实现商务智能应用体系的创新性发展，商务智能是科学的解决方案，其主要任务是更好地服务于企业经营和发展，运用大数据技术整合企业的各种数据资源，使其系统化，在整合资源的过程中，除了有企业内部数据的参与外，也离不开外部数据的运用，而大数据技术恰好可以兼顾两者，如现在很多厂商都会提供商务智能解决方案，有效整合各类数据和信息，从而强化商务智能应用的功能。

第二节 大数据背景下商务智能应用的策略

一、加强大数据应用的载体建设

只有借助有效的载体，才能让大数据技术真正发挥作用。为此，必须将重心放在加强大数据应用载体建设方面，才能实现大数据技术在商务智能领域的创新和突破应用，这不仅是重要基础，也是保障。因此，企业要重视相关方面的投入，立足于企业智能商务的整体发展情况，致力于构建具有基础性、支撑性的大数据应用平台，赋予其多种服务功能。在此基础上，融合与商务智能相关的不同类型的商务平台，如建立智能商务和大数据应用组织协调机构，加强对大数据技术应用方面的调查研究，做好指导、服务、协调等工作，从而规范大数据技术的应用。立足于构建大数据平台和相关载体，进一步收集和分析数据资源，不仅要收集和分析企业内部的数据资源，还要收集和分析外部数据资源和信息，这需要依靠相应的IT厂商和第三方机构，有效融合内部和外部信息资源，从而提高大数据技术应用的整体效果和服务水平。

二、构建大数据应用的科学机制

在商务智能领域，大数据技术的应用十分广泛，涉及多个方面，所以构建更加科学化的大数据应用机制十分关键，为优化应用提供保障。对管理人员来说，具备数据意识很重要，所以要通过培训和教育加强商务智能管理人员的数据意识，这样也有助于提高他们的技术能力和综合素质，从而为智能商务更好地应用大数据储备人才。对企业的内部管理机制而言，优化和完善是重点，尤其是在智能商务应用领域，形成大数据技术的整体合力，内部各个部门要协调配合，内部和外部机构也要加强合作，比如通过建立"智能商务协调机制"，各方共同参与大数据收集和分析工作，可以规范大数据技术的应用流程，使之更加系统化，也能够获得更多优质的数据资源。企业要注重提高自身应用大数据的能力，除了依靠相应的IT厂商构建智能商务系统之外，企业也要发挥自身的作用，尤其是将大数据技术与企业的经营、管理、创新相结合，利用大数据技术使智能商务系统更有特色。

三、推动大数据应用的持续创新

在应用大数据技术推动企业智能商务系统建设的过程中，一定要将创新思维贯彻始终，尤其要坚持大数据技术的创新使用，实现智能商务服务的创新。为了实现这一目标，企业要强化相关技术应用，根据大数据技术涉及众多技术特点这一特征，加强对相关技术的研究，赋予其融合性，从而为商务智能系统提供数据支持。此外，要在智能信息资源和大数据信息资源之间搭建对接的桥梁，但因为二者的数据形式存在差异，所以企业要恰当地应用技术，促进二者数据形式的融合，实现互补，为智能商务系统提供更优质的服务。要实现大数据应用的持续创新，企业还要深入调查和研究大数据技术的发展动态，比如与第三方大数据平台开展战略合作，利用第三方大数据平台构建云数据平台，让更多优质的数据资源为企业所用，这种模式能为企业节约生产成本，也有助于提高企业生产效率。

第三节 大数据背景下个性化商务智能的打造

"企业在打造个性化商务智能的过程中，通过健全和完善大数据应用体系，可以使商务智能取得更大突破，但目前很多企业在这方面还没有引起重视，导致大数据应用体系不够完善，企业内部和外部资源的挖掘、整合、应用等不够到位，必然会制约个性化商务智能的有效性。"[①]

一、打造个性化商务智能的平台

打造个性化商务智能平台，必须创新利用大数据技术的方法，构建多元化的商务智能平台，突出平台的特色，大数据技术的突破和创新能够更加充分地发挥个性化商务智能的作用。为此，企业要着力提高个性化商务智能的整体水平，将其与大数据技术有机融合，深入研究和探索如何更好地应用大数据技术，致力于攻克企业经营难题，广泛开展数据控制技术、OLAP、数据仓库等技术的研究和应用，努力探索构建功能强大的个性化商务智能平台。从构建大数据服务中心出发，尤其是大规模的企业，要明确发展重点，寻找企业发展的突破口，建立相关组织机构，培养更多专业的大数据管理人才，也要关注大数据技术的综合运用，对员工开展相关技能的培训，让企业员工都具备数据意识。此外，整合大数据平台和ERP系统、电子商务等，发挥不同平台的作用。

二、完善个性化商务智能的机制

个性化商务智能取得突破和创新发展离不开数据思维，运用数据思维，能够优化和完善运行机制，让个性化商务智能发挥更大的作用。企业在着手打造个性化商务智能的同时，也要正确看待和处理好自身与IT厂商之间的关系，虽然在IT

---

① 刘斌.大数据时代下如何打造个性化的商务智能实践[J].中国商论，2019（22）．21．

厂商的帮助下，可以更好地建设个性化商务智能，但企业自身的作用才最重要，根据自身实际情况，完善数据资源开发、利用和转化机制，将其落到实处，使其服务于企业经营管理和创新发展，突出企业的特色和个性化，从而促进企业科学和战略发展，获得持久的发展力。个性化商务智能机制的优化和完善，还要企业不断提高数据资源整合能力，做好衔接工作，尤其要注重创新数据资源收集和分析的方法，除了要分析企业内部不同类型的数据资源外，也不能忽视与企业经营和战略相关的外部数据资源，双管齐下才能实现个性化商务智能模式的创新。企业要重视建设合作体系，各个部门之间要加强交流与合作，维持和谐稳定的合作关系，相互配合，解决信息不对称的问题，从而让数据收集、分析和转化更加真实有效，更加合理。

三、拓展个性化商务智能的领域

在企业构建个性化商务智能系统的过程中，大数据起到基础性作用，应用大数据技术还可以让个性化商务智能具有拓展性，所以拓展个性化商务智能领域非常重要。企业在实施过程中要充分利用大数据技术，做好融合工作，比如在管理金融风险时，可以运用大数据技术收集和分析各类数据，发现其中隐藏的金融风险，从而有针对性地采取预防措施；再如在市场营销时，也可以运用大数据技术，调查和分析客户和消费者的需求，还可以获得客户和消费者的反馈，再将这些反馈做数据化处理，从而有的放矢地改进市场营销活动的方式，促进市场营销管理工作的系统化。个性化商务智能领域的拓展，还要不断加强战略合作体系建设，企业之间可以共同分享优质资源，打造资源开放平台，从而更好地拓展个性化商务智能领域。

参考文献

[1]蔡霞.新零售视野下零售业"无界营销"发展前瞻[J].商业经济研究，2019（6）：63-66.

[2]陈红军.商务智能基于大数据的有效决策[J].企业管理，2018（4）：101-103.

[3]陈晓红，寇纲，刘咏梅.商务智能与数据挖掘[M].北京：高等教育出版社，2018.

[4]丁荣荣.电子商务环境下智能化企业管理模式的创新研究[J].中国商论，2015（19）：70-72.

[5]方宗，蒋晓英，韩向东.基于商务智能的房地产企业营销财务分析体系构建——以S集团为例[J].财务与会计，2018（3）：34-36.

[6]韩艺.基于大数据的商务管理现状与发展趋势探讨[J].中国商论，2016（34）：126，165.

[7]侯春米.移动化、社交化影响下的电子商务发展[J].商业经济研究，2017（18）：58-60.

[8]黄飞.基于本体的数据挖掘技术在商务智能中的应用[J].中国商论，2018（36）：24-25.

[9]黄玲，余霞.基于云平台的电子商务商品智能推荐系统[J].现代电子技术，2020，43（5）：183-186.

[10]李菲.基于数据挖掘的商务智能系统的设计与实现[J].现代电子技术，2016，39（11）：152-155.

[11]李娜.基于数据仓库的商务智能经营系统设计与实现[J].现代电子技术，2016，39（15）：140-144.

[12]李一军.商务智能[M].北京：高等教育出版社，2009.

[13]李元吉.个性化特征的电子商务智能推荐系统[J].信息技术，2021（3）：

131-135，142.

[14]林剑宏.浅析人工智能技术在电子商务领域中的应用[J].中国商论，2019（2）：19-20.

[15]刘斌.大数据时代下如何打造个性化的商务智能实践[J].中国商论，2019（22）：21-22.

[16]刘星.商务智能基于大数据的有效决策[J].中国商论，2019（3）：39-40.

[17]马刚.商务智能[M].沈阳：东北财经大学出版社，2010.

[18]倪楠.人工智能时代电子商务技术监管研究[J].行政论坛，2020，27（4）：131-136.

[19]宋鑫，郭骏，尹寿垚，等.商务智能在电网调度控制系统数据分析中的应用[J].电力系统自动化，2015，39（12）：93-96，145.

[20]孙克，鲁泽霖.人工智能在电子商务中的应用发展趋势研究[J].贵州社会科学，2019（9）：136-143.

[21]谭学清.商务智能[M].武汉：武汉大学出版社，2006.

[22]王斐然，姜磊，文一凭，等.商务大数据环境下特定类型用户智能识别方法[J].湖南科技大学学报（自然科学版），2018，33（3）：80-85.

[23]吴江，邹柳馨，胡忠义.大数据环境下电子商务学科的智能化转型和商务智能研究[J].图书情报知识，2020（5）：94-103.

[24]夏明慧，张莉莉.企业商务智能应用的问题与对策分析[J].中国商论，2020（5）：31-32.

[25]薛云主.商务智能[M].北京：人民邮电出版社，2019.

[26]姚晓林，魏琦，李井林.论大数据方向财务管理专业人才培养体系的构建[J].中国经贸导刊，2020（14）：162-164.

[27]张小梅，许桂秋.商务智能方法与应用[M].北京：人民邮电出版社，2019.

[28]赵卫东.商务智能[M].北京：清华大学出版社，2016.

[29]郑国凯，黄彩娥.基于大数据的智能商务分析平台开发和设计[J].现代电子技术，2020，43（5）：163-166，170.

[30]周艳榕.基于个性化特征的电子商务智能推荐系统[J].现代电子技术，2020，43（19）：155-158，162.